Christoph R. Hörstel • **Afghanistan-Pakistan: Nato am Wendepunkt**

Christoph R. Hörstel

Afghanistan-Pakistan: Nato am Wendepunkt

Tatsachen und Lösungsvorschläge für eine nachhaltige Friedensordnung am Hindukusch

herausgegeben von Jürgen Elsässer

KAI HOMILIUS VERLAG – COMPACT

© Kai Homilius Verlag, Berlin 2010
Alle Rechte vorbehalten. Ohne ausdrückliche Genehmigung des Verlages ist es nicht gestattet, dieses Werk oder Teile daraus auf fotomechanischem Wege (Fotokopie, Mikrokopie) zu vervielfältigen oder in Datenbanken aufzunehmen.

COMPACT – Nr. 17
Kai Homilius Verlag
www.kai-homilius-verlag.de
E-Mail: home@kai-homilius-verlag.de

Autor:	Christoph R. Hörstel
Herausgeber:	Jürgen Elsässer
Umschlag:	Joachim Geißler
Druck:	Printed in E.U.
ISBN:	978-3-89706-417-1

Inhalt

1. Vorwort 7

2. Zweifache Herausforderung – Doppeltes Desaster 12
Die Fehlleistungen des Westens am Hindukusch

3. Afghanistan: Kritik der Argumentation der Bundesregierung ... 23
Kurzgefasste Übersicht über die wichtigsten Gegenargumente

4. Afghanistan: Uranwaffen: Der stille Genozid 27
De facto Völkerrechtswidrige Waffen weiterhin im Einsatz

5. Kundus und kein Ende 38
Hintergründe und Konsequenzen einer Schlüsselaffäre

6. Afghanistan: Obamas Verlierer-Strategie 46
Offener Brief an den Bundestag

7. Afghanistan: Exit-Strategie 50
Der bisher einzige abgestimmte Friedensplan

8. Pakistan: Wie funktioniert Terrormanagement? 77
Eine Abrechnung mit der Legende vom „Krieg gegen Terror"

9. Pakistan: Wege in eine neue Pakistan-Politik 97
Friedensplan und Vorschläge zum Landesaufbau

10. Nachwort 115

Endnoten 120

VORWORT

Zwei Briten preschten 2008 vor: Der Luftwaffen-Brigadegeneral Mark Carleton-Smith und der Botschafter, Sherard Cowper-Coles, erklärten, der Krieg sei militärisch nicht zu gewinnen.[1a]

Die US-geführte Allianz am Hindukusch will bis Herbst 2010 die Zahl ihrer Truppen auf über 140.000 erhöhen. Die Taliban sehen das mehr als gelassen: „Je mehr Soldaten sie schicken, desto mehr Ziele haben wir, das ist gut."[1b] CIA-Mann Milton Beardon hatte bereits Ende 2001 Afghanistan als „Friedhof für Großmächte" (empires) bezeichnet und die gesamte Entwicklung bereits vorausgesehen: Die Zusammenarbeit der Nato mit der Nordallianz werde die Paschtunen in die Arme der Taliban treiben.[1c]

Ausdrücklich ist zu begrüßen, dass die neue US-Regierung die Probleme in Afghanistan und Pakistan nur zusammen in beiden Ländern angehen will. Dieser Teil der US-Strategie ist deshalb zu loben, weil die Schicksale beider Nationen wie untrennbare siamesische Zwillinge miteinander verknüpft erscheinen. Nicht nur, weil die Durand-Linie, die immer noch als Grenze zwischen beiden Ländern betrachtet wird, das mächtige Volk der Paschtunen zerschneidet – und beide Staaten ohne die Paschtunen stark geschwächt dastünden, sondern auch, weil Pakistans Generalität in der Auseinandersetzung mit dem Erbfeind Indien noch immer auf das Konzept der „strategischen Raumtiefe" setzt und somit Afghanistans Paschtunen ungefragt zu Vasallen Pakistans verpflichtet. Und so geht dieses Büchlein von zwei Thesen aus: dass es

1. keine Konfliktlösung nur in einem der beiden Staaten, Afghanistan und Pakistan, gibt, sondern immer nur ein Gesamtpaket für beide
2. nur eine einzige, kohärente Lösungsstrategie für beide Länder gleichermaßen und gleichzeitig gibt, wenn nachhaltige, menschenfreundliche Erfolge für Frieden und Freiheit erzielt werden sollen.

An alle Leser, die solche positiven Lösungen suchen, wendet sich dieses Buch: mit vielen Informationen über die traurige Rolle des Westens in der Region. Muslimischen Lesern soll auch signalisiert werden: Wir, der mächtige Westen, weiß was er anrichtet. Es gibt keine Entschuldigung und keine Ausflüchte mehr.

Ein US-Präsident ohne erkennbare einschlägige Meriten erhält den Friedensnobelpreis – und verteidigt seine ebenso erfolglose wie eskalierende Kriegspolitik in Afghanistan bei der Verleihungszeremonie in Oslo als „moralisch gerechtfertigt".[1d] Die anschließende politische Debatte um diesen Korruptionsfall im Preiskomitee enthüllt eine Reihe fragwürdiger Argumente, die mehr oder weniger darauf hinauslaufen, der Preis könne Obama und die ihn stützenden Kreise zum Frieden verpflichten. Wie naiv sind wir eigentlich?

Derselbe Präsident ist nicht in der Lage, Amerikaner zu finden, die seinen Amts- und Wohnsitz, das Weiße Haus in Washington, wirksam sichern können: Zu Jahresbeginn kam heraus, dass nicht nur das berühmte Society-Pärchen Salahi sondern auch ein dritter Mann beim fraglichen Staatsempfang am 24. November vergangenen Jahres teilnahm – jedoch nicht in Obamas Nähe gekommen sein soll.[2] Die dienstrechtliche Konsequenz: Drei Sicherheitsbeamte wurden, bei voller Lohnfortzahlung, vorübergehend beurlaubt – niemand gefeuert. Und das mitten in einem weltweiten Krieg gegen Terror, der die USA mit in den wirtschaftlichen Absturz getrieben hat und jetzt langsam wieder so heißt wie von Amtsvorgänger Bush getauft, nachdem Obama zunächst „extremistische Kräfte"[3] zitiert hatte.

Was haben Obama und der afghanische Präsident gemeinsam? Auch der afghanische Präsident kann nicht genügend verlässliche Landsleute finden, wenn es um seinen Personenschutz geht und bleibt auf ausländische Söldnerfirmen angewiesen. Schlimmer noch: beide Präsidenten erscheinen damit als Marionetten derselben mächtigen US-Oligarchie, die beide Länder in ihrem mörderischen Griff hält.

„Focus Money" rüttelt an den Grundfesten der Nato mit seiner Veröffentlichung zu den Ungereimtheiten der Attentate von 9/11.[4] Das Schweigen der übrigen großen Medien wirkt ebenso peinlich betreten wie das Informationsgefälle nicht nur in dieser Frage zwischen Deutschland und der übrigen Welt abgrundtief ist. Und natürlich verstößt das öffentlich-rechtliche System gewohnheitsmäßig gegen seine Informationspflicht.

Bei einem Besuch im Kanzleramt erhält der Autor im Mai 2008 aus berufenem hochrangigen Munde die Bestätigung, dass die gesamte Bundesregierung über das Doppelspiel der USA im Terrorkrieg Bescheid weiß: Wer, wann, wo und wie die Bomben baut, an denen unsere Soldaten in Afghanistan sterben. Der Autor läuft nach dem Termin buchstäblich schnurstracks ein paar Straßen weiter ins Abgeordnetenhaus, um mit einem Kontakt im Parlamentarischen Kontrollgremium für die Geheimdienste (PKGr) zu sprechen. FDP-Vertreter Stadler ruft an. Konsequenzen: nicht erkennbar, der Bombenbau geht ungestört weiter. Der Autor tauft die parlamentarische Versagertruppe öffentlich um: „Parlamentarisches *Komplizen*gremium" – das rettet zumindest die schöne Abkürzung.

Die neue Bundesregierung verhält sich vergleichsweise geradezu aufmüpfig: Der neue Außenminister Westerwelle erklärt, er werde nicht zur Afghanistan-Konferenz nach London reisen, wenn da nur über die Erhöhung der Truppenzahlen gesprochen werden solle.[5] Verteidigungsminister zu Guttenberg erklärte dazu einen Tag zuvor,[6] er wünsche ein festes Datum für den Beginn des Truppenabzugs und sehe die von den USA geforderte Vergrößerung des deutschen Kampfkontingents nicht als unbedingt notwendig an. Zu Guttenberg steht ohnehin wegen eines üblen Scherbenhaufens der Vorgängerregierung unter Druck, im Zusammenhang mit einem Massenmord an bis zu 137 Zivilisten bei Kundus am 4. September 2009. Die Ungereimtheiten sind gewaltig, zwischen zu Guttenberg und dem von ihm geschassten Bundeswehr-Inspekteur General Schneiderhan steht Aussage gegen Aussage, die Opposition fordert die Vereidigung vor dem Untersuchungsausschuss des Bundestages. Zumindest meiden die Streithähne in dieser Frage inzwischen die Medien.

Zu Guttenberg hat auch wieder einmal seine Meinung geändert: Kaum im Verteidigungsministerium eingezogen fütterte er die Mikrofone, indem er den Krieg am Hindukusch vom Begriff seines Amtsvorgängers Jung „Stabilisierungseinsatz" (in acht Jahren haben die Besatzungsmächte die Lage erheblich verschlechtert) in „kriegsähnliche Zustände" umtaufte, (die Totenzahlen beider Seiten sprechen eindeutig für den Begriff „Massaker") – um jetzt mit „nicht-internationaler bewaffneter Konflikt"[7] aufzutreten (es sind fast 40 Nationen beteiligt).

Die USA wollen 2.500 Mann zusätzlich ins deutsche Revier nach Kundus schicken:[8] Egal wie die Deutschen sich verhalten, das wird die Lage wie gewohnt aufheizen und nicht nur die Taliban sondern auch manchen braven deutschen Offizier zur Weißglut bringen.

Eine gute Neuigkeit sind die relativ mutigen Äußerungen der Ratsvorsitzenden der evangelischen Kirche, Bischöfin Margot Käßmann, zum Afghanistan-Einsatz: „Nichts ist gut in Afghanistan." Das Echo der Kritiker aus der Politik war harsch, und beide Kirchen zeigten Fluchtreflexe.[9] Praktische Schritte für den Frieden plant keine der Kirchen, das ergaben Kontakte vor Redaktionsschluss; sie weigern sich seit 2007, die im 7. Kapitel erneut vorgelegte, von Widerständlern und Kabul vorsichtig und informell begrüßte und von Egon Bahr gelobte Exitstrategie auch nur vorsichtig zu kommentieren. Post, Emails, Telefonanrufe blieben ohne inhaltliche Antwort. Mit Schrecken erinnere ich mich an den Bundeswehrpfarrer, der mir als Coach ausgewählter Führungskräfte unserer ISAF-Truppe während meines Vortrages die Vorstellung verkaufen wollte, der Islam sei eine aggressive Religion. Ich unterbrach meine Rede, um mich dieser grotesken Fehlleistung so lange zu widmen, bis er betreten schwieg. So lange es pro Kopf und Tag seit Ableben des jeweiligen Propheten immer noch die Christen sind, die mit riesigem Abstand vor allen anderen großen Welt-Religionen die meisten Morde weltweit auf dem Gewissen haben, will ich von diesem Mumpitz nichts mehr hören.

Das US-geführte Engagement am Hindukusch lief inzwischen so erfolglos, dass die Exit-Zeitplanung jetzt von fünf auf drei Jahre gesenkt werden musste. Mit Erscheinen dieses Büchleins spreche ich die am Frieden in Afghanistan offenbar nur marginal interessierte Kirche gern erneut an.

In Pakistan eskaliert unterdessen das Morden mit Drohnenangriffen unter der Ägide des Friedensnobelpreisträgers Obama.[10] Er hat bereits in den elf Monaten seit Amtsantritt mehr Drohnentote zu verantworten als Bush in seiner ganzen Amtszeit. Die rechtlichen Konsequenzen könnten erheblich sein.[11] Schätzungen gehen von 700 Opfern für das ganze Jahr 2009 aus. Ich meine, dass die dreifache Zahl angemessener sein dürfte. Und auch in Pakistan führt Obama die Eskalationspolitik seines Amtsvorgängers fort. Nicht nur wird diese Tatsache in Deutschland zumeist geflissentlich übersehen, sondern auch wird nicht erwähnt, wo die strategischen Interessen unseres führenden Nato-Verbündeten und Kriegspartners in Afghanistan liegen könnten, die zu derartigen Auswüchsen führen.

Das vorliegende Büchlein will drei Dinge tun:

- interessierte Leser preiswert mit bei uns wenig bekannten Informationen und Analysen versorgen
- zitierfertige Quellenverweise für die Argumentation bieten
- auf weiterführende Informationen aus meinen beiden Veröffentlichungen zu Afghanistan (München 2007, inzwischen in der Landessprache Dari und teilweise Paschtu erhältlich) und Pakistan (Berlin 2008) hinweisen.

München, 22. Januar 2010, Christoph R. Hörstel

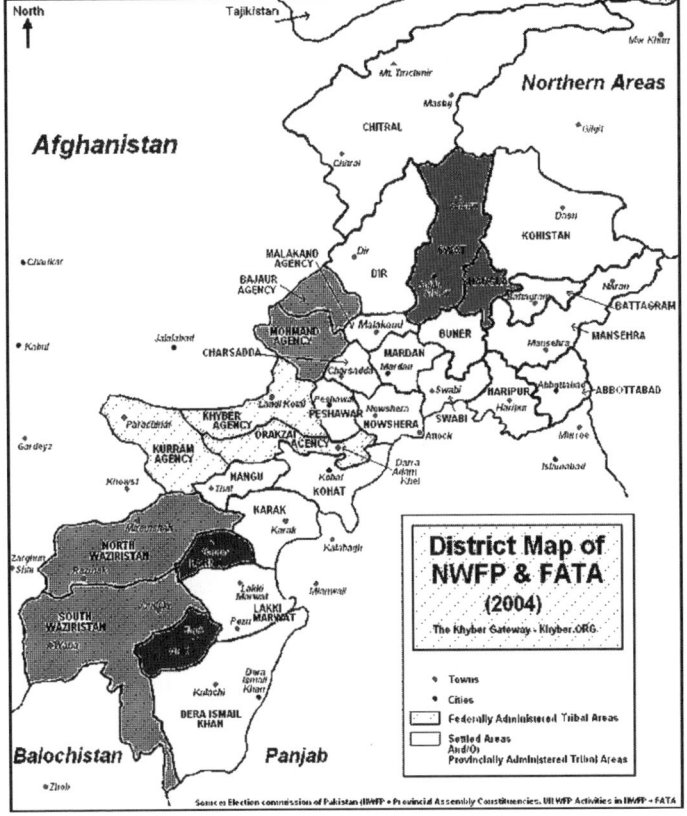

ZWEIFACHE HERAUSFORDERUNG UND DOPPELTES DESASTER

Die USA und ihre Verbündeten begehen in Pakistan und Afghanistan erhebliche Verstöße gegen das Kriegsvölkerrecht oder Menschenrechte – während europäische Truppen an der Seite ihres großen Nato-Verbündeten USA in Afghanistan eingesetzt sind.

Der neue US-Präsident Barack Obama, Hoffnungsträger einer großen Anzahl Jung- und Erstwähler in den USA, hat durch eine ungeeignete Personal- und Verstärkungspolitik der US-Truppen in Afghanistan die Lage noch einmal eskaliert.

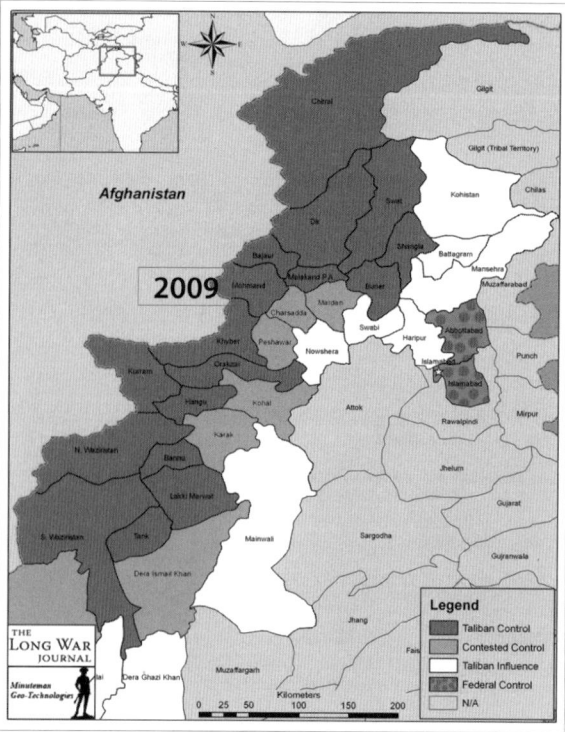

Seine Personalpolitik hat US-Generalleutnant Stanley McCrystal in die Spitzenposition des Kommandeurs aller OEF- und ISAF-Truppen gebracht. Dieser leitete zuvor acht Jahre lang das Joint Special

Operations Command (JSOC), die oberste Mord- und Foltereinheit des US-Militärs, zuletzt mit direktem Bericht an den damaligen US-Vizepräsidenten Dick Cheney. Nach Angaben der *New York Times* war McCrystal im Irak für mehrere Folterstationen zuständig.[12] Die sonst nicht gerade überkritische NYT rief denn auch in einem dort nicht häufigen Statement dazu auf, die vor der Postenübernahme McChrystals notwendige Senatsanhörung besonders kritisch zu gestalten[13] – was übrigens nicht geschah.

Zum Jahreswechsel hat die blutige Handschrift des Generals ganz Afghanistan schockiert, Präsident Karzai protestierte auf seiner eigenen Website:[14] In der Nacht des 30. Dezember 2009 landeten US-Sondertruppen nahe dem Weiler Ghazi Khan, im Narang Distrikt im Osten der Provinz Kunar mit Helikoptern. Sie legten zwei Kilometer zum Dorf zu Fuß zurück und ermordeten dann zehn Menschen aus drei Häusern durch Kopfschüsse darunter acht Schuljungen aus den Klassen 6-9.[15] Erschütternde Fotos der Opfer veröffentlichte die afghanische Organisation Rawa auf ihrer Website.[16] Beobachter fragen, ob dies der neue Kampfstil ist, wenn die USA ihre Truppenzahl in den kommenden Monaten sukzessive stark erhöhen.[17]

Zum Botschafter der USA in Kabul wurde ausgerechnet ein Amtsvorgänger McChrystals ernannt, Ex-General Karl W. Eikenberry. In seiner Amtszeit als Nato-Chef am Hindukusch und mit seiner ausdrücklichen Zustimmung[18] unterzeichneten pakistanische Regierungsbevollmächtigte mit den afghanischen Taliban das „Nordwaziristan-Abkommen", benannt nach dem pakistanischen Grenzdistrikt, in dem die afghanischen Taliban unter nicht kontrollierbaren Zusagen freies Geleit erhielten, das sich nach offiziellen Aussagen des pakistanischen Militärs sogar auch auf den angeblichen „Al-Qaeda"-Chef Osama bin Laden erstreckte.[19] Diese „Verschnaufpause" führte dazu, dass die Taliban von 2006 auf 2007 ihre Aktivitäten in Afghanistan und Pakistan fast verdoppelten.[20] An seinem allerletzten Amtstag, am 31. Januar 2007, sorgte Eikenberry dann dafür, dass ein Verwandter des britischen Verhandlungspartners auf Seiten der Taliban, Abdul Ghaffur, durch einen amerikanischen Bombenangriff ums Leben kam, so dass ein britischer Separatfrieden mit den Taliban um das Städtchen Musa Qala in der Provinz Helmand, scheiterte. Kein Wunder, dass das US-britische Verhältnis daraufhin nicht mehr das Beste war.

Ein von der Karzai-Regierung aus den Reihen der Taliban herausgekaufter ehemaliger Regionalkommandeur berichtete dem Autor im Frühjahr 2009 mit zahlreichen Details ein Kriegsereignis aus dem Jahr 2007: Bei einer Schlacht um die Provinzhauptstadt Helmands, Lashkargah, an der amerikanische, britische und kanadische Einheiten beteiligt waren, sandten nach den (glaubwürdigen) Angaben des Kommandeurs alle drei nationalen Truppenkontingente heimlich und getrennt voneinander Unterhändler an die Talibankommandeure, alle mit gleichlautender Botschaft. Das erstaunliche Begehr der Nato-Verbündeten: Gegen Zahlung erheblicher Geldsummen sollten die Widerständler versprechen, nur noch die Teilstreitkräfte der jeweils anderen beiden Nationalitäten anzugreifen.

Dass die Allianz am Hindukusch zunehmend Risse zeigt, bestätigte dem Autor Ende 2008 auch ein junger deutscher Geheimdienstoffizier, der von seinem Einsatz in Kabul aus den Jahren 2006/7 berichtete. Ihm zufolge weihen die USA offenbar in täglicher geheimdienstlicher Praxis in erster Linie Großbritannien in vertrauliche Informationen ein, eine Vertrauensrangstufe darunter rangiert Kanada, danach Neuseeland und Australien, erst zuletzt jedoch Staatsangehörige aus offenbar als unzuverlässig empfundenen Ländern wie Deutschland und Frankreich, wenn es um Aktionen und grundlegende Erkenntnisse geht.

Die dritte hoch umstrittene Personalentscheidung Obamas am Hindukusch ist der ehemalige Balkan-Beauftragte Richard C. A. Holbrooke. Er hatte in seinem früheren Job „Al-Qaeda"-Spitzenfunktionäre Osama bin Laden und Aiman al-Zawahiri und ihre Leute eingeladen, den Balkan „aufzumischen".[21] Außerdem hatte er zur Durchsetzung amerikanischer Kriegsziele entgegen jedem internationalen Recht den serbischen Präsidenten Milosevic und dessen Familie persönlich bedroht.[22] Für dieses Vorgehen haftet Holbrooke bis heute der Beiname „Bulldozer" an. Wenn es jedoch eine Vorgehensweise gibt, die bei Afghanen gar nicht verfängt, dann ist es die für Holbrooke typische. Aber auch in seinem zweiten Zuständigkeitsbereich, Pakistan, schien man nicht recht froh mit ihm zu werden. Jedenfalls meldete die renommierte *Los Angeles Times* postwendend: „Ernennung geht Südasien auf die Nerven."[23]

Immer wieder auch gibt es eklatante Beispiele für erstaunliche Unterstützungsleistungen von Seiten der westlichen Verbündeten an den afghanischen Widerstand: Um den Nachschub für den gesamten Militärapparat in Afghanistan aufrecht erhalten zu können, zahlen die USA 10% aller Logistikkosten direkt an die Taliban, hunderte Millionen Dollar jedes Jahr.[24] Und Ende Dezember 2007 wurden die beiden amtierenden Spitzendiplomaten der EU und der UN-Mission UNAMA, beide Iren, Michael Semple und Mervyn Patterson, festgenommen und des Landes verwiesen,[25a, 25b] weil sie mit den Taliban in der von den Briten verantworteten Provinz Helmand gesprochen hatten. Dabei war auch Geld im Spiel[26] – wie afghanische Insider wussten: 200.000 US$.[27] Pakistanische Quellen erklärten dem Autor, 150.000 US$ hätten afghanische Dienste in einem Diplomatenköfferchen bei den Festgenommenen entdeckt.

Die Geschichte hinter der Geschichte ist allerdings noch kurioser: Die Briten hatten offenbar geplant, in Musa Qala eine Art „Rehabilitationszentrum" für reumütige Taliban einzurichten, in Erinnerung an den am 31. Januar 2007 durch das Eikenberry-Bombardement gescheiterten Friedensschluss, „Musa Qala II"[28] genannt, komplett mit Handwerksschule, Unterkünften etc.[29] Aber es war wohl auch militärisches Training geplant. Kritische Websites vermuteten deshalb „false flag operations".[30] Und der frühere britische Botschafter in Usbekistan, Craig Murray, schreibt,[31] Großbritannien beschütze in Helmand eine Opium-Rekorderte.

Ein höchst wichtiger Top-Attentäter der Taliban für Kabul hatte im Jahr 2006 ein ebenfalls sehr bemerkenswertes Schicksal:[32] Monatelang hatten Nato-Militärgeheimdienste diesen Chefplaner sämtlicher Bomberkommandos des afghanischen Widerstandes im Bereich Kabul aufgeklärt, schließlich gefunden und begonnen, seine sämtlichen Bewegungen und Kontakte zu überwachen, da nahm die Geheimdienstaktion eine für alle unmittelbar Beteiligten professionell höchst inakzeptable und erstaunliche Wendung: Plötzlich flogen eines Abends im Oktober 2006 über 20 US-Helikopter über die Köpfe des Geheimdienst-Zentrums, so berichtete dem Autor ein direkt an der Aufklärung beteiligter Offizier. Er habe dann einen Vorgesetzten nach dem Sinn der Aktion befragt und dabei erfahren, dass US-Sondereinheiten ohne jede Absprache unterwegs seien, um „seine" Zielperson festzunehmen, bevor deren Umfeld ausspioniert werden konnte. Hierzu ist festzuhalten, dass keine Widerstandsbewegung weltweit, die den Namen verdient und eine gewisse Größe und damit Personalstärke erreicht hat, alle Aktivitäten in einem größeren Einsatzraum wie Kabul mit inzwischen mehr als vier Millionen Einwohnern in EINE Hand legt, um einen großen Rückschlag zu vermeiden, falls dieser eine Kämpfer entdeckt wird. Nachrichtendienstlich als grob unprofessionell und absolut schädlich wird betrachtet, eine gerade enttarnte Zielperson nicht weiter aufzuklären, da dann die Gelegenheit verlorengeht, an das zugehörige Netz von Kontaktpersonen, Untergebenen und Verbindungsleuten zu Auftraggebern heranzukommen. Der Offizier ließ durchblicken, dass ihm inzwischen der Verdacht gekommen sei, US-Dienststellen könnten über die Person mehr gewusst haben, als sie ihren Verbündeten hatten mitteilen wollen.

Der weltweit prominente Afghanistan-Kenner Ahmed Rashid schreibt in seinem jüngsten Buch,[33] in der pakistanischen Provinz Belutschistan, an der Grenze zu Afghanistan, gebe es eine ganze „Hüttenindustrie" für die Fertigung von Zündern für die berüchtigten Straßenbomben,[34] die den Nato-Streitkräften in Afghanistan zunehmend das Leben schwer machen. Dies kann ohne Wissen des höchst mächtigen und in der Region omnipräsenten pakistanischen Militärgeheimdienstes ISI[35] nicht geschehen – und dabei ist die Mitwisserschaft der CIA gewiss. Dass auf diese Weise die Nato-Geheimdienste wissen, wer wann und wo die Bomben baut, die den Tod hunderter Nato-Soldaten verursacht haben, hat der Autor mit einer Quelle im Bundeskanzleramt verifiziert.[36] Da nimmt es auch nicht weiter wunder, wenn die elektronischen Bauteile zum Zünderbau in Pakistan aus Großbritannien stammen.[37]

Zusammenfassend lässt sich sicherlich feststellen, dass die sowjetischen Truppen in Afghanistan während der 80er Jahre ein vergleichsweise kohärentes Vorgehen an den Tag legten.

Im Herbst 2001 bot Afghanistan reichlich Belege dafür, dass die US-Luftwaffe absichtlich zivile Ziele angriff.[38] Die Beweislage sagt eindeutig, dass diese Gewohnheit in der US-Luftwaffendoktrin Nr. 1 von 1997[39] ihren Niederschlag findet, wie im Folgenden dargelegt wird. Die Präambel dieser Doktrin ist von Luftwaffengeneral John A. Warden III. verfasst, der in umfangreichem Schrifttum immer wieder seine Idee propagiert hat, dass zur effizienten Erreichung politischer Ziele die Zivilbevölkerung eines Ziellandes eher attackiert werden solle als dessen Militär.[40] Warden erhielt denn auch vom damaligen

CentCom-Chef Gen. Schwartzkopf den Befehl, die Strategie für den Luftkrieg der USA gegen den Irak in der „Operation Desert Storm" auszuarbeiten.[41] Die US-Luftwaffendoktrin wurde 2003 geändert,[42] doch offenbar hat der Grundgedanke überlebt: Zahlreiche Bombardements der USA auf rein zivile Ziele, wie Hochzeitsgesellschaften, Dorfschaften und rollenden Straßenverkehr belegen dies,[43] die scharfen Proteste der vom Wohlwollen der USA direkt abhängigen afghanischen Regierung sprechen eine beredte Sprache.[44]

Bei Ihren Luftangriffen in Afghanistan und Pakistan setzen die USA erklärtermaßen Uranwaffen ein, das wohl schockierendste Verbrechen in diesem nicht widerspruchsarmen Krieg überhaupt. Offenbar werden dadurch genetische Defekte bei den betroffenen Menschen erzeugt,[45] mit der Folge hunderter wenn nicht tausender schwer geschädigter Kinder[46] oder eines langsamen Todes bei allen Opfern dieses Kriegsverbrechens, das der Autor als „stillen Völkermord" bezeichnet. Ein Teil des Verschweigens wird organisiert durch die Tatsache, dass sämtliche westliche Krankenhäuser in Kabul sich weigern, entgegen dem hippokratischen Eid ihrer Ärzteschaft, entsprechende Gewebeproben von Betroffenen zu entnehmen und in technisch entsprechend ausgerüsteten und ethisch einwandfrei arbeitenden Labors auf Spuren von Uranwaffengebrauch untersuchen zu lassen.[47] Die Medien schweigen auch hier, Ausnahmen im Nachtprogramm einzelner Sender bestätigen diese Regel – und unsere Politiker lügen wie gewohnt.[48]

In seinem Unterricht am Institut Friedensforschung und Sicherheitspolitik der Universität Hamburg[49] sowie vor ausgewählten Führungskräften der deutschen ISAF-Truppe[50] hatte der Autor die tatsächlichen US-Interessen der Region wie folgt bezeichnet: China und Iran einkreisen, Russland eindämmen, eigensüchtige Pipeline-Interessen und der Versuch, die Beherrschung Zentralasiens auf lange Zeit zu sichern – und zwar durch „Terrormanagement":[51] Eine fein abgestimmte und vielfach gewaltsame Methode, die Pakistans Geheimdienste dafür einspannte, die islamische Bewegung zu infiltrieren und zu unterminieren – und dafür zu sorgen, dass damit ein guter Vorwand entsteht, die fortgesetzte Truppenpräsenz zu motivieren – keiner der zuhörenden Generäle hat je widersprochen.

Dass die Bundesregierung seit Jahr und Tag über dieses Verfahren informiert ist, hat mir unlängst ein hochrangiger Mitarbeiter mit Zugang zu den wöchentlichen Lageberichten der Geheimdienste im persönlichen Gespräch bestätigt.[52] Ein anderer glaubwürdiger Zeuge, der bis heute in Afghanistan aktive ehemalige Oberstarzt der Bundeswehr, Reinhard Erös, berichtet in öffentlichen Vorträgen, auch in Anwesenheit des Autors, über eine Weigerung des deutschen Auslandsgeheimdienstes BND[53] vor Beginn des Bombardements auf Afghanistan 2001, Osama bin Laden festzunehmen. Und schon einige Wochen später ließen US-Streitkräfte bin Laden im Höhlen-Komplex von Tora Bora in Südafghanistan entwischen.[54] Colin Powell brachte es in seiner Amtszeit als US-Außenminister in schönster amerikanischer Offenheit auf den Punkt: „Ich hoffe uns gehen die Monster in Afghanistan nicht aus!"[55] Und Präsident Karzai vertraute im Januar 2007 einem hochrangigen Mitglied des Deutschen Bundestages an, die USA hätten 2004 in Afghanistan Frieden haben können, dies jedoch nicht gewollt.[56]

Neben der Ermordung von Zivilisten verfolgen die USA offenbar eine Eskalationsstrategie, die auch die Bildung von Privatmilizen begünstigt. Drogenwarlords werden mündlich und täglich widerrufbar lizenziert[57] und von der Nato dazu eingesetzt, das Land zu beherrschen und die Bevölkerung zu unterdrücken. Wie von Karzai indirekt und von der ISAF-Führung dem Autor gegenüber bestätigt, erkaufte sich Deutschland von einem Gefolgsmann, Nasir Mohammed, des großen Drogenzars und möglichen nächsten Ersten Vizepräsidenten Fahim in Kundus für 30.000 US-Dollars im Monat Schutz vor Taliban-Attacken.[58] Während die Besatzer-Länder über Polizei-Training nachdenken,[59] ist eben diese Polizei heftig im Drogengeschäft engagiert, bis hinauf zum Minister – ein Ausmaß, über das die Organisation „Tribal Liaison Office" (TLO) sagt,[60] dass „keiner Distriktchef der Polizei werden kann, ohne dass der örtliche Drogenwarlord genickt hat". Und der frühere Afghanistan-Berater Kofi Annans berichtet,[61a] die halbjährige Position des Polizeichefs in einem Drogendistrikt müsse in öffentlicher Auktion für 100.000 US-Dollars Schmiergeld ersteigert werden. Der Posten des Polizeichefs an einem Grenzübergang ist teurer: 150.000 US-Dollar.[61b]

Nur wer über dieses Hintergrundwissen verfügt, kann verstehen, dass das Rufen in der Nato nach „mehr afghanischer Verantwortung im Kampf gegen Drogenanbau und -handel" eine sinnlose Show-Veranstaltung ist. Teile der NATO-Streitkräfte wollen jetzt gegen

Drogenwarlords vorgehen – und sie werden versuchen, nur gegen diejenigen vorzugehen, die allzu intensiv mit den Taliban zusammenarbeiten – und schon bei dieser Selektion werden sie fürchterlich scheitern und so das Chaos komplettieren.

Auf diese Weise verfolgen die USA und ihre Verbündeten ganz offensichtlich die Strategie, jede noch existierende oder überlebende Form von Ordnung zu unterminieren, einschließlich des Jahrhunderte alten paschtunischen Stammesgesetzes „Paschtunwali".[62] Hinzu kommt der skandalöse Missbrauch von Geldern für die Entwicklungshilfe für Beraterhonorare, die 1.000 US-Dollar pro Tag ausmachen, für unkoordinierte Projekte und für Rückflüsse an Geberländer in Höhe von 40-50% der öffentlich unter lauter Fanfare zugesagten Finanzmittel.[63]

Sämtliche Wahlen in Afghanistan waren bisher gefälscht, sagen prominente europäische Beobachter.[64] Kandidaten mit NATO-Verbindungen und zu deren Alliierten hätten unverhältnismäßig starke Unterstützung aller Art erhalten, das Parteienverbot habe dazu gedient, Afghanistans Einheit zu schwächen – und den Aufbau mächtiger politischer Verbände, die den Rahmen für die Souveränität jeder Nation bilden.

Mord, Folter und willkürliche Verhaftungen durch Sicherheitskräfte sind weit verbreitet,[65] kein Ministerium ist frei von Korruption, die Kabuler Verwaltung eine Scheininstitution, die nicht in der Lage ist, ordentliche Arbeit zu leisten. Es gibt weder Sicherheit noch Gerechtigkeit. Die Afghanische Nationalarmee (ANA) zeigt exakt die gleichen Probleme wie zur Zeit der sowjetischen Besatzung: Sie ist grundsätzlich kaum in der Lage, mehr Männer zu rekrutieren als täglich desertieren.[66] 30% aller Sicherheitskräfte desertieren jedes Jahr[67] – und die Sicherheitskräfte haben, wegen Analphabetentum und mangels einer funktionierenden Verwaltung keinerlei verlässlichen Überblick, wie viele der auf dem Papier verzeichneten Mannschaften tatsächlich noch Dienst tun. Viele Kommandeure kassieren Lohnzahlungen für Einheiten, die es nicht mehr gibt. Die Zahl der kampffähigen Bataillone ist in jüngster Zeit gesunken.

Im Winter verhungern Menschen in abgelegenen Seitentälern,[68] während in Kabul klimatisierte Geländewagen der NGOs Verkehrsstaus verursachen.[69]

Dieser Fall von Großbetrug in der internationalen Politik wird von 37 der weltweit reichsten und am weitesten entwickelten Nationen aufrechterhalten, angeführt von der Nato und den USA. Die Böswilligkeit des Systems erstickt jede gute Anstrengung, die einzelne unternehmen könnten. Kabul ist zu einer vergifteten Hölle brummender Heizungen oder Klimaanlagen in den schwer bewachten Gassen des Nobelviertels Wazir Akbar Khan geworden,[70] während die Vororte eine andere Art von Hölle darstellen, für Millionen von unterernährten oder verhungernden internen Flüchtlingen,[71] die keinen Zugang haben zu den Annehmlichkeiten in Stadtgebieten mit der beschriebenen Vergiftung.

Das Ziel der Nato, um jeden Preis ihre Truppenpräsenz in Zentralasien zu vergrößern,[72] wird durch wachsende Zahlen grenzüberschreitender und aus Pakistan selbst heraus durchgeführter US-Attacken auf Pakistans Gebiet unterstützt,[73] eine Politik, die offenbar der Vorbereitung durch die Entmachtung Musharrafs bedurfte, der sich jahrelang erfolgreich gegen ein derartiges Vorgehen gewehrt hatte.[74]

Die Politik des Westens gegenüber Pakistan folgt dem gleichen Muster wie im Fall Afghanistan: Das politische System wird untergraben, indem Gruppen gegeneinander aufgehetzt werden wie 2007 im Bajaur Distrikt[75] an der Grenze zu Afghanistan und zuletzt 2008 im Swat-Tal[76] – und Politiker unter Druck gesetzt werden, durch Erpressung, Bestechung oder beides,[77] man mischt sich in alle Belange der Gesellschaft ein und nutzt dabei internationale Unruhe. Mit heimlichen Kommandoaktionen wird nach Gutdünken gemordet.[78] Offenbar mit verborgener Unterstützung durch pakistanische Geheimdienste[79] gründeten sich Ende 2007 die pakistanischen Taliban. Das Erstarken der militanten islamischen Bewegung in Pakistan ist eine interessante Entwicklung, die gleichsam in Atemzügen erfolgt: Phasen der offiziellen Verfolgung wechseln sich ab mit Phasen offizieller Verhandlungen, wobei schon aus dem vorliegenden Kartenmaterial[80] deutlich wird, dass die Taliban an Stärke ständig zunehmen. Die in meinem Buch „Brandherd Pakistan" niedergelegten Forschungsergebnisse dokumentieren: Wurde die endlose Verlängerung des Kaschmirkonflikts noch mithilfe einer britischen Grenzziehung organisiert, so haben die US-Erben dieses Leiden im Afghanistan-Konflikt der 80er Jahre für ihre Zwecke ausgenutzt. Die Organisationsstruktur wird bis auf den heutigen Tag durch das US-geführte „Terrormanagement"[81] genutzt, das nicht vor Inhaftierung oder Folter[82] gegen Mitglieder der Islamischen Bewegung zurückschreckt, sobald dies politisch als notwendig angesehen wird. Schon in ihrer Regierungszeit hatte Benazir Bhutto gelegentlich derartige Angst vor Zusammenkünften mit ihren Generälen, dass sie dabei auf der Anwesenheit des US-Botschafters bestand.[83] Alle pakistanischen Regierungen werden dazu angehalten, weit mehr amerikanische Rüstungsgüter zu kaufen, als das Staatsbudget erträgt.[84] Korruption ist weit verbreitet, ebenso wie Analphabetentum, Armut und Gewalt, eine umfassende Landreform ist überfällig, das Gerichtswesen unzulänglich und die politische Bewegungsfreiheit der Regierung nahe Null, vor allem, wenn das erhöhte strategische Interesse der USA an der Region seit den 70er Jahren in Betracht gezogen wird. Sinnvolle Schritte wie der Aufbau der Wirtschaftskooperation ECO zwischen der Türkei, Iran und Pakistan werden gebremst – ebenso wie der IPI-Pipeline-Vertrag, der Iran und Indien über Pakistan verbinden soll.[85] Den Aufbau des neuen Hafens Gwadar am Arabischen Meer verzögert die CIA mit Terror gegen chinesische Hafenbau-Ingenieure,[86] mit dem Ziel, die Hafenverwaltung fest unter amerikanische Regie zu bringen.[87] Ebenso fördert die CIA aus Belutschistan heraus Terror gegen Iran.

Beobachter weisen auf die Betonung der Luftwaffe durch die US-Regierung hin, obwohl diese zumeist unwirksam und oft kontraproduktiv ist, wenn damit Aufstände bekämpft und asymmetrische Kriege ausgefochten werden sollen.[88] Der neue Nato-Oberkommandierende, Generalleutnant Stanley McChrystal, hat deshalb äußerste Zurückhaltung beim Luftwaffen-Einsatz befohlen. Eine weitere erstaunliche Tatsache ist das Fehlen jeglicher Satellitenüberwachung im pakistanisch-afghanischen Grenzgebiet bis 2005.[89]

Die aktuelle Installation eines weiteren korrupten Präsidenten[90] in Pakistans Geschichte markiert einen weiteren US-Erfolg, alle nationalen Wünsche und Träume Pakistans zu beerdigen – dem keine andere Wahl blieb. Die offizielle Sprachregelung lautet wie stets: Wir hätten einen besseren Mann bevorzugt, konnten jedoch keinen finden.[91] Schon wieder gelogen, alle guten Leute wurden weit vorher strategisch jeder Chance beraubt.[92]

Die Frage, warum dies alles stattfindet, obwohl doch die USA keine Chance hat, den Krieg in Zentralasien zu gewinnen, wird nach

Chomsky,[93] Chossudovsky[94] und Naomi Klein[95] nicht weiter debattiert: Kriege werden von US-Strategen als nützlicher Weg empfunden, politische Ziele zu verfolgen und zu implementieren – sowie für regierungsnahe Firmen, dabei Geld zu verdienen. Über Jahrzehnte hinweg wurden Kriege geführt, um ein erwünschtes Maß an amerikanischem Einfluss dort aufrechtzuerhalten, wo dies anders nicht möglich wäre. Jedoch hat die Bush-Regierung mit einer ungewöhnlichen Mischung aus Verschlagenheit und Ignoranz gelegentlich Beobachter in aller Welt verwirrt.

Zur Lösung der Krise in der Region hatte der Autor dieses Beitrages zwei je dreiteilige Pläne für Afghanistan und Pakistan zur gleichzeitigen und parallelen Umsetzung aufgestellt, da es keine Lösung für die Probleme irgendeiner der beiden Nationen geben kann, ohne parallele Erfolge in beiden. Diese, siamesischen Zwillingen nicht unähnliche, enge Verzahnung der Schicksale beider Völker ergibt sich u. a. aus dem Siedlungsgebiet des mächtigen und kriegsbegabten Stammes der Paschtunen, der beidseits der gemeinsamen Landesgrenze siedelt und von außen schwer beherrschbar ist. Diese Vorschläge werden jedoch von Politikern und mächtigen Medien in den Nato-Ländern gleichermaßen unterdrückt oder als Unfug abgetan. Diese Medien arbeiten nach einem System, das Experten als „stillschweigende, präemptive Selbstzensur" bezeichnen.[96] Abgeordnete des Deutschen Bundestages, die mit der Friedensbewegung zusammenarbeiten, werden gemobbt,[97] unziemlicher Druck wird auf sie ausgeübt, damit sie jedes Jahr erneut unsere Truppenmandate für Afghanistan absegnen – entgegen einer großen und weiter wachsenden Mehrheit der Wählerschaft.[98] Auf diese Weise erscheint die Politik der Nato als das Haupthindernis für jede vernünftige Lösung in Zentralasien, wobei die Demokratie auf der Strecke bleibt. Jüngere Statements britischer Offizieller[99] oder inoffizieller CIA-Schreiber[100] zeigen ein neues Maß an Realismus, jedoch keinerlei Vision; die saudischen Gespräche mit ihren Taliban-Gästen[101] boten ebenfalls keine Perspektive auch eine andere, im Westen nicht bekannt gewordene Runde in den VAE blieb ohne Ergebnis.

Die grundsätzliche Frage bei der Erarbeitung von Lösungsvorschlägen für die Probleme der Region sollte lauten: Was würde die US-geführte Nato tun, wenn sie ehrenhaft, gerecht und fair sowie nachhaltig konstruktiv wäre?

AFGHANISTAN: KRITIK DER ARGUMENTATION DER BUNDESREGIERUNG

1. „Unsere Truppen sind in Afghanistan, um den Aufbau zu sichern."

1.1. Die Entwicklungshilfe für Afghanistan macht etwa 1/10 bis 1/14 der Sicherheitsaufwendungen der „Geberländer" aus, im deutschen Verantwortungsbereich immer noch etwa 1/5 bis 1/7. Damit jedoch ist die Entwicklungshilfe eher das Feigenblatt eines Militäreinsatzes.

1.2. Diese Entwicklungshilfe erfolgt nicht strategisch, zum Beispiel für eine nachhaltige, die nationale afghanische Eigenständigkeit fördernde Politik, sondern eher wahllos, unterkoordiniert und, laut Stiftung Wissenschaft und Politik, an den militärischen Erfordernissen, nicht an den Interessen des Landes ausgerichtet.

1.3. Mindestens 40% der „Entwicklungshilfe" fließt auf verschiedenen Kanälen an die „Geberländer" zurück (Gehälter, Materialkosten).

2. „Wir wollen in Afghanistan eine demokratische Entwicklung fördern."

2.1. „Man komme mir nicht mit Demokratie", beschwert sich EU-Wahlbeobachter Prof. Scholl-Latour und beschreibt die Unzulänglichkeiten des afghanischen Systems. Alle Wahlen dort wurden bisher gefälscht, nicht nur die von 2009.

2.2. Präsident Karzai gilt, auch in der Nato, als machtlose Marionette. Seine Ablösung wird offen diskutiert, die Korruption aller Vizepräsidenten und Minister ist ein offenes Geheimnis. CIA und BND bezeichnen den Bruder des Präsidenten Karzai, Wali Karzai, Provinzgouverneur in Kandahar, als Drogenwarlord.

2.3. Warum wird nicht untersucht, weshalb wir nicht genügend dagegen unternehmen? Weil herauskäme, was in der seriösen Fachliteratur längst bekannt ist: Die Nato lässt ihre Truppen von den Milizen der Drogenwarlords vor den Taliban beschützen – gegen Dollars in Koffern. Auch Deutsche tun das. Die Öffentlichkeit wird mit Schatten-Debatten über Polizei-Training hinters Licht geführt.

2.4. Der Armee-Aufbau kommt nicht voran, weil die Desertionsrate die Rekrutierung zunichte macht. Training und Dollars helfen da nicht. Inzwischen bauen die USA ein System gut bezahlter, lokaler Söldner-Milizen, um die Taliban bekämpfen zu lassen, dazu holen sie auch Kriminelle aus Gefängnissen – eine Chaos-Strategie!

2.5. Provinzgouverneure werden in Afghanistan nicht gewählt, sondern vom machtlosen Präsidenten ernannt. So fehlt ihnen die dringend nötige Legitimation.

3. „Wir müssen die Rückkehr der Taliban an die Macht verhindern."
Unser Militäreinsatz hat als stärkstes Instrument vorrangig dazu geführt, dass die Taliban erstarkt sind – und weiterhin erstarken. Auch britisches Spitzenpersonal erkennt inzwischen den von den Taliban seit langem erklärten Zusammenhang zwischen steigenden Truppenzahlen und steigender Unsicherheit an. Die heimliche Unterstützung v. a. aus China und Pakistan für die Taliban tut ein Übriges (siehe auch 5). Und weil Armee, Polizei und Rechtssystem Afghanistans rettungslos in die Korruption abgleiten, gewinnen die Taliban als Richter, Polizisten und Kämpfer immer mehr Zulauf, (vgl. diverse Veröffentlichungen Prof. Barnett Rubin, Univ. NY, USA, Ex-Berater Kofi Annans). Und: Ohne Vollverschleierung können sich Frauen außerhalb Kabuls kaum bewegen: Die unglaubwürdige Betonung dieser Frage ist eine Gespenster-Debatte und vielen inzwischen verdächtig: Man bemerkt die Absicht und ist verstimmt.

4. „Das afghanische Volk braucht uns, will nicht im Stich gelassen werden."

4.1. Es gibt eine notwendige Differenzierung zwischen Armut und Bedürftigkeit der Afghanen und dem Sinn dieses Militäreinsatzes, den sogar Offizielle unseres britischen Verbündeten stark in Zweifel ziehen. Wir sollen mehr helfen – endlich mit einheitlicher Strategie entlang den afghanischen Bedürfnissen – und wir müssen das militärische Element, das so viel Unheil gebracht hat, endlich zurückfahren, auch Karzai hat deutlich erklärt, dass er mehr deutsche Soldaten nicht wünscht.

4.2. Das afghanische Volk braucht nicht unsere Bomben auf Zivilisten, unsere Uranwaffen (fast vollständig verschwiegen, trotz offenen Eingeständnisses auf der US-Luftwaffen-Website „Air Force News"), nicht willkürliche Verhaftungen oder Folter (ai-Berichte), sondern echte, faire Hilfe, siehe 1.

4.3. Die deutsche Entwicklungshilfe-Vereinigung VENRO fordert klar viel mehr Hilfe und viel weniger Militär und vor allem keine Vermischung nach dem gescheiterten CIMIC-Modell (= „zivil-militärische Kooperation", siehe 1.2.).

4.4. Es ist mir unverständlich, wie unser Außenamt dem Vorsitzenden der afghanischen „Friedensjirgah" (Jirgah = Ratsversammlung der Ältesten), Herrn Mohammad Zaman Mozamil und seinen Begleitern, die Einreise auf Einladung der deutschen Friedensbewegung verweigern konnte – und die Medien berichten nicht genügend oder gar nicht. Die Friedensjirgah wird von der Nato nicht als Gesprächspartner anerkannt und politisch behindert, obwohl Karzai sie unterstützt.

4.5. Afghanen könnten miteinander Frieden schließen und halten, wenn die Nato sie nur ließe. Das traurige Fazit: Politisch haben wir Afghanistan schon lange im Stich gelassen. Eine Konferenz mit USA, China, Iran, Russland und Pakistan, dazu Saudi-Arabien, Turkmenistan, Usbekistan und Tadschikistan könnte den Truppenabzug der Nato vorbereiten sowie mehr und echte Entwicklungshilfe einrichten.

5. „Wenn wir Terror nicht in Afghanistan bekämpfen, kommt er zu uns."

5.1. Die USA fördern nachweislich und heimlich Taliban und Al-Qaeda. Dieses Verhalten habe ich in der ISAF-Führungskräfte-Ausbildung als „Terror-Management" bezeichnet und in meinem Buch „Brandherd Pakistan" weiträumig belegt. Dazu nutzt die CIA die Jahrzehnte alten Verbindungen pakistanischer Geheimdienste.

5.2. Der pakistanische Militärgeheimdienst ISI (= Inter Services Intelligence) leistet für die Taliban, wie Ahmed Rashid („Taliban") in seinem neuesten Werk „Descent into Chaos" (NY, USA, 2008) feststellt: Logistik, Nachschub, Training und Informationen, bis hin zu Feuerschutz, über den US-Truppen immer wieder klagen.

5.3. Über die tiefe Verwicklung und Verstrickung europäischer Geheimdienste in das angebliche „Terror"-Geschehen auch hier bei uns gibt es viel und glaubwürdige Literatur. Ich selbst habe dazu Aussagen direkt von der bayerischen Polizeiführung.

6. „Wir erfüllen in Afghanistan unsere Bündnisverpflichtungen"

6.1. In seinem Aufsehen erregenden Aufsatz in der *Zeit* (30.10.2008, S. 3) hat Altbundeskanzler Helmut Schmidt eine solche Bündnisverpflichtung als „Nibelungensage" klar abgewiesen: Die Nato sei ein Defensiv-Bündnis. „Nibelungentreue" ist eine deutsche Spezialität. Sie hilft hier weder Afghanistan, noch den amerikanischen Freunden und Verbündeten – oder uns Deutschen.

6.2. USA und Nato sind in Afghanistan, abgesehen von strikt kontraproduktiver Politik, in mindestens drei Verbrechenstypen verwickelt: Verwendung von Uranwaffen, Mord an Zivilisten mit Bomben, Raketen, Artillerie und leichteren Waffen sowie Begünstigung von und enge Zusammenarbeit mit Drogenwarlords. Das alles ist vielfach belegt und damit erwiesen. Hier Bündnisverpflichtungen als Begründung für politisches und militärisches Mittun vorzutragen, hieße der Komplizenschaft das Wort zu reden. Komplizenschaft ist jedoch das Gegenteil von Freundschaft.

7. Guttenberg: „Kriegsähnlich/nicht-internationaler bewaffneter Konflikt"

7.1. „Kriegsähnliche Zustände": Unsinn, es handelt sich um ein Massaker, Totenzahl im Verhältnis von mindestens 90:1 (1.550 West-Soldaten / > 130.00 Afghanen).

7.2. „Nicht-internationaler bewaffneter Konflikt": noch unsinniger, bei 37 Truppensteller-Nationen und ISAF-Einsatz mit UN-Mandat. Zynische Wackel-Argumentation.

URANWAFFEN[102] – DER STILLE GENOZID

Ein besonderes Thema im Bereich der Kriegsverbrechen durch Besatzungstruppen in Afghanistan sind sogenannte Uranwaffen.[103]

Uran hat ein hohes spezifisches Gewicht – und deshalb eine außerordentlich stark panzerbrechende Wirkung. Da das bitterarme Entwicklungsland Afghanistan sich keine sonderlichen Panzerungen leistet und auch nicht leisten kann, erhebt sich bereits hier die Frage, wozu dann die Verwendung solcher Spezialwaffen dient, wenn die militärische Notwendigkeit fragwürdig ist.

Das Uran für die Waffen wird zumeist aus abgebrannten Brennelementen gewonnen und enthält etwa 60 Prozent der Radioaktivität des natürlichen Urans. Darüber hinaus kann es auch Spuren von Plutonium-239 enthalten. Dieses Uran gilt als schwach radioaktiv und müsste teuer entsorgt oder gelagert werden. Insofern löst die militärische Verwendung das Entsorgungsproblem sehr „preiswert".

Wenn diese Waffen eingesetzt werden, entfalten sie zweierlei Wirkung: eine radioaktive und eine chemotoxische. Beide Wirkungen gefährden neben feindlichen Kräften sowohl die eigenen Soldaten als auch die örtliche Bevölkerung insgesamt.

Der Schädigungshergang sieht so aus: Trifft Uranmunition auf ein Ziel, entsteht durch die hohe Aufprall-Energie Hitze, die dazu führt, dass das leicht entzündliche Uranmetall mit extrem hohen Temperaturen zu brennen beginnt. Dadurch verdampft das Uran regelrecht. Dieser Verlauf verstärkt den Zerstörungseffekt des Geschosses, das die Panzerungen aufgrund seines hohen spezifischen Gewichts durchdringt, buchstäblich wie ein heißes Frühstücksmesser die Tafelbutter. Das Uran entzündet sich und es entstehen extrem kleine Uranpartikel und Uranoxide, die als Schwebeteilchen und Stäube in die Umgebung gelangen, die Luft verseuchen und sich auch ablagern. Diese Partikel können in ihrer Winzigkeit bis hinunter in den Nanobereich als Aerosol wie Zigarettenrauch durch Inhalation oder durch die Haut in den Körper gelangen, wo sie auch Zellwände durchdringen. Nanobereich heißt übrigens: Keine Gasmaske der Welt kann davor schützen, weil die Teilchen so winzig sind, dass sie durch jeden Filter gehen. Abhängig von der Größe der Teilchen kann Uranstaub in die Lunge gelangen und dort für mehrere Jahre nachweisbar bleiben. Außerdem kann es durch das Lungengewebe ins Blut gelangen – abhängig von der Wasserlöslichkeit der Partikel.

Es kann, wie neuere Untersuchungen von Prof. Randall Parrish zeigen, bis zu 20 Jahre dauern, bis das Uran wieder aus dem Körper ausgeschieden ist.[104] Betroffen werden vor allem Lunge und Niere. Doch können offenbar neben Krebsschäden auch Genschäden auftreten, die ihrerseits bei den Nachkommen der Opfer geschädigte Genstrukturen und Missbildungen hervorrufen können.

Wenn in diesem Zusammenhang entgegnet wird, abgereichertes Uran sei nur schwach radioaktiv, so trifft das zwar zu, lenkt aber vom eigentlichen Problem ab: Die Strahlung von einem Klotz Uranmetall oder einer intakten Granate reicht nicht weit und kann leicht abgeschirmt werden. Gelangt das Uran jedoch als feinster Staub in den Körper, wo es sich in den Zellen ablagert, bombardiert die Strahlung die Erbinformation der Zelle pausenlos und führt etwa zu Chromosomenbrüchen. Die krebserzeugende Wirkung wird von der extremen chemischen Giftigkeit des Uranstaubes zusätzlich unterstützt. Eingeatmeter, mit dem Trinkwasser oder der Nahrung, oder über die Haut zugeführter Uranstaub führt so zu massiven Gesundheitsschäden bis hin zu mehrfachen Krebserkrankungen desselben Menschen.

Welche Empfindungen dies wiederum bei der afghanischen Bevölkerung hervorruft, sei hier nach den Erkenntnissen des fleißig recherchierenden Afghanen Prof. Daud Miraki zitiert:

„Nachdem die Amerikaner unser Dorf zerstört und viele von uns getötet haben, haben wir auch unsere Häuser verloren und nichts zu essen. Dennoch hätten wir diese Qualen ertragen und uns sogar damit abgefunden, wenn die Amerikaner uns nicht alle zum Tode verurteilt hätten. Als ich meinen entstellten Enkel sah, begriff ich, dass meine Hoffnungen für die Zukunft für immer verschwunden sind, anders als die Hoffnungslosigkeit unter der russischen Barbarei, obwohl ich damals meinen älteren Sohn Shafiqullah verlor. Dieses Mal aber weiß ich, dass wir Teil des unsichtbaren Genozids sind, den Amerika über uns gebracht hat, eines stillen Todes, von dem ich weiß, dass wir ihm nicht entkommen werden." (Laghman-Provinz, Juma Khan, März 2003)[105]

Diese Vorgänge: Waffenwirkungen, Schadensverläufe und -zeiträume sowie Folgeschäden sind bekannt, doch viele Teilaspekte sind

trotz mehr als 30-jähriger Anwendung dieser Waffen noch nicht erschöpfend erforscht.
Wir müssen deshalb drei schwerwiegende Feststellungen treffen:
1. Alle bekannten Fakten weisen eindeutig darauf hin, dass Uranwaffen
   a. in ihrer Wirkung nicht zwischen Kombattanten und Nichtkombattanten unterscheiden können,
   b. in ihrer Wirkung nicht auf das Schlachtfeld beschränkbar sind,
   c. nicht aufhören einzuwirken, wenn der bewaffnete Konflikt vorbei ist
   d. unnötig grausame Wirkungen haben.

Der Uranstaub, der zwangsläufig bei dem Einsatz von Uranwaffen entsteht, erfüllt alle vier Voraussetzungen, zwangsläufig und in jedem Fall. Damit ist der Einsatz von Uranwaffen beispielsweise bereits nach der Haager Landkriegsordnung, den Genfer Konventionen und dem allgemeinen Humanitätsgebot (Marten'sche Klausel) eindeutig völkerrechtswidrig. Anfang 2001 sagte der damalige Bundesverteidigungsminister Scharping dem Deutschlandfunk in einem Interview:[106]

„Ich habe damals schon (1999, Anm. CRH) darauf aufmerksam gemacht, dass nicht das Strahlungsrisiko eine Frage sei, die man mit besonderer Aufmerksamkeit betrachten müsse. Man kann sie nicht vernachlässigen, aber viel gravierender könnte werden, dass Uran als Schwermetall sich in bestimmten Teilen des Kosovo beispielsweise oder auch Bosniens konzentriert und dass diese Konzentration, wenn man einatmet, in der Lunge beispielsweise zu bösartigen Erkrankungen führen kann. Das ist ein Risiko, das man beobachten muss..."

Geschehen ist bisher nichts Entscheidendes, die USA und andere setzen die Waffen weiter ein und vergiften ganze Völker (vor allem Muslime).

Also müsste die Politik Ächtung, Nichtanwendung, Produktions- und Verbreitungsverbote dieser Waffen durchsetzen – was ebenfalls nicht geschieht. Im Völkerrecht sind Uranwaffen unter den explizit verbotenen Waffen nicht speziell genannt. Dies vor allem deshalb, weil die Anwenderstaaten geeignete Beschlussfassungen hintertreiben. Das ändert allerdings nichts daran, dass jeder Einsatz von Uranwaffen – wie oben gezeigt – gegen das humanitäre Völkerrecht verstößt, damit ein Kriegsverbrechen darstellt und nicht nur bestraft gehört, sondern auch Schadensersatzpflichten auslöst.

2. Es wäre nun die Pflicht aller Anwender und aller Ärzte in betroffenen Gebieten, alles nur Mögliche und Erdenkliche zu tun, um Wirkungsweisen zu erforschen, Diagnosen zu stellen und eventuell mögliche Gegenmaß-

nahmen zu entwickeln und einzusetzen. Dies jedoch geschieht nicht oder nicht in genügendem Maße. Und genau in dieser Unterlassung liegt ein Skandal, denn der hippokratische Eid schreibt jedem Arzt die Hilfeleistung als unabdingbare Pflicht eindeutig vor, bei Strafe eines Verbots der Berufsausübung. Prof. Siegwart-Horst Günther, die US-Experten Doug Rokke und Asaf Durakovic (beide zunächst in offizieller Funktion mit dem Thema Uranwaffen bei der US-Armee beschäftigt – und dann offenbar wegen zu ehrlicher Arbeit gefeuert), aber auch nicht-ärztliche Fachkräfte wie Dai Williams, Tedd Weyman und viele andere kämpfen hier unter hohem persönlichem und gesundheitlichem Einsatz einen bewundernswerten Kampf.

Gegenbeispiel ist eine deutsche Klinik bei Kabul, deren deutsche Leitung sich bis heute weigert, auch nur Gewebeproben zu entnehmen und zur Überprüfung an die (selten gewordenen, aber vorhandenen) neutralen UND kooperativen Institute einzuschicken.

Bei derartigen Verhältnissen muss man sich nicht wundern, wenn der afghanische Widerstand immer wieder einmal Aktionen gegen westliche Hilfsorganisationen unternimmt und deren Mitarbeiter ermordet. (Die häufige stille Zusammenarbeit der Leitungsebene solcher Organisationen mit den Geheimdiensten ihrer Ursprungsländer ist darüber hinaus ein nicht aufgearbeitetes Sonderkapitel.)

3. Noch immer wird das Thema Uranwaffen in unseren Mainstream-Medien praktisch verschwiegen, ziemlich genau seit Februar 2001. Gelegentliche Beiträge machen das Ausmaß der Zerstörung, des Grauens und der künftigen Schäden nicht annähernd deutlich. Immerhin hat der deutsche Filmemacher Frieder Wagner in seiner preisgekrönten[107] WDR-Dokumentation „Tödlicher Staub" eindrucksvoll viele Aspekte der Anwendung, Folgewirkung, deren Untersuchung und politische Fragen benannt. In beispielhafter Weise setzt er sich, gemeinsam mit einer Handvoll Mitkämpfer weltweit, für Aufklärung über die Probleme und Ächtung dieser Waffen ein. Nur – sein Film läuft nicht im Bereich der ARD, sondern zumeist bei privat organisierten Kino-Abenden und in Schulen auf Initiative engagierter Lehrer – dort aber mit großem Erfolg.

Hauptsächlich die USA und Großbritannien verwenden seit Anfang der 90er Jahre Uranmunition, so zum Beispiel im Zweiten Golfkrieg 1991, in Jugoslawien 1999, seit 2001 in Afghanistan und im Irak 2003. Aktive Anwender sind jedoch auch Pakistan und Russland, Israel und Frankreich.

Bezeichnend für den Umgang der USA mit den eigenen Uranwaffen-Experten ist das Schicksal von Prof. Dr. Oberst Durakovic.[108] Er

> „wurde seit 1988 vom Pentagon als Experte beigezogen. Unter anderem diente er als Leiter der medizinischen Teams der USA beim amerikanisch-sowjetischen Joint Nuclear Verification Experiment in Zentralasien.
>
> Als Chef der Abteilung für Nuklearmedizin, welche das US Department of Veterans Affairs am Wilmington Vet-Center in Wilmington, Delaware, unterhält, wurde er mit der Untersuchung von US-Veteranen beauftragt, die am Golf-Kriegs-Syndrom litten. Sie waren in Saudi-Arabien stationiert gewesen und hatten mit Panzern zu tun, die durch ‚friendly fire', das heißt durch Beschuss mit panzerbrechender DU-Munition der eigenen Truppen zerstört worden waren. Als er bei der Hälfte von ihnen DU und bei einigen sogar Plutonium im Körper feststellte, legte man ihm nahe, in andere Richtungen zu forschen. Er ließ sich nicht beirren, musste aber feststellen, dass Krankenakten und Labortests verschwanden.
>
> 1997 setzte das Pentagon ihn ab. Gemeinsam mit Gleichgesinnten setzte er die Untersuchungen auf eigene Kosten fort und gründete das Uranium Medical Research Center UMRC. Trotz Schikanen und Drohungen setzt er sich konsequent gegen die Vertuschung der verheerenden Auswirkungen von DU-Waffen ein."

Zu Afghanistan sagt Durakovic im Interview mit den *Zeitfragen*:[109]

> „Afghanistan bot eine Möglichkeit, in unmittelbarer zeitlicher Nähe zu Kampfhandlungen, Studien durchzuführen. Die Operation ‚Anaconda' endete gerade, als das erste Team des UMRC im Osten Afghanistans eintraf. Das Team hatte Zugang zu stationären und ortsfesten Einrichtungen, da mobiles militärisches Gerät entweder entfernt oder in Sicherheit gebracht worden war. Die Studien des UMRC über die Bevölkerung aus der Gegend von Dschalalabad, Spin Gar, Tora Bora und Kabul haben gezeigt, dass Zivilpersonen an denselben nicht spezifizierten Symptomen, die gleichzeitig mehrere Organe betrafen, litten, die man auch im Golf-Krieg und auf dem Balkan festgestellt hatte. Die Symptome waren physische Schwäche, Kopfschmerzen, Muskel- und Knochenschmerzen, Atembeschwerden, Fieber, andauernder trockener Husten, Schmerzen im Brustbereich, Magen-Darm-Symptome, neurologische Symptome, Gedächtnisverlust, Angstzustände und Depressionen."

Zum Vorgehen sagte Durakovic weiter:

„Die Versuchspersonen der Kontrollgruppe wurden aus den symptomfreien Bewohnern von Gebieten, die nicht Ziele von Angriffen waren, ausgewählt. Eine Beurteilung der radioaktiven Verseuchung der Umwelt wurde aufgrund von Boden-, Staub- und Trümmeranalysen sowie Analysen des Trinkwassers gemäß den üblichen Beurteilungskriterien über Verbreitung und Risiken von Actiniden und aufgrund von Bodenproben im Anschluss an einen Angriff durchgeführt. Alle Versuchspersonen, einschließlich der Kontrollgruppe, wurden über die Versuchsanordnung und die Probensammlung in den lokalen Sprachen Dari und Paschtu informiert. Jede Versuchsperson unterzeichnete eine Zustimmungserklärung. Alle Proben wurden auf Konzentration und Verhältnis der vier Uranisotope U-234, U-235, U-236 und U-238 mit einem Massenspektrometer in den Laboratorien der British Geological Survey in Nottingham, England, analysiert.

In einem Fall von Bombardements in Kabul beispielsweise lag die durchschnittliche Konzentration an Uran bei der von uns untersuchten Gruppe bei rund 99,5 ng/l, ein Wert, der immer noch 10fach höher lag als normal. Aber bei einem Jungen innerhalb dieser spezifischen Untersuchungsgruppe maßen wir einen Wert von 2031,6 ng/l. Wir wollten wissen, was da geschehen war. Handelte es sich womöglich um eine statistische Anomalie? War es vielleicht ein seltsames Missgeschick im Labor oder irgendetwas Unerklärliches? Wir nahmen uns also die Geschichte dieses zwölf Jahre alten Jungen vor. Er war während der Frühstückszeit im Haus seiner Familie, als die Bombe ihr Dorf traf. 27 Familienmitglieder wurden sofort getötet, der Junge überlebte. Voller Panik versuchte er, die Mitglieder seiner Familie aus den Trümmern des zusammengebrochenen Hauses zu retten. Alle waren tot. Wir waren schockiert, als wir die Laborergebnisse dieses Jungen mit Namen Hussein anschauten. Wir dachten, hier läge ein Irrtum in der Methodik oder in der Analyse vor. Die Probe wurde wiederholt untersucht, und immer ergaben sich über 2000 ng/l. In der Geschichte der Urankontamination bei Menschen hatte es noch nie einen derartigen Fall gegeben. Es ist das erste Mal in der Geschichte der inneren aktinoiden Kontamination, dass derartige Werte als Folge einer Belastung durch Einatmen unmittelbar nach dem Einschlag einer Waffe festgestellt wurden. Wenn uns dieser Fall irgendetwas zeigt, dann die schrecklichen Folgen einer inneren Verseuchung mit Uranisotopen."

Dieses Untersuchungsergebnis wird von manchen insofern angezweifelt, als es heißt, es handle sich um einen nicht erklärlichen

Ausreißer. Das sagt Durakovic selbst auch, hat dafür aber die vorstehende plausible Erklärung. Es werden jedoch auch alle anderen Untersuchungsergebnisse angezweifelt, weil es heißt, die Menschen könnten sich auch aus anderen, von den Wissenschaftlern nicht beobachteten Gründen, kontaminiert haben.

Wir kennen das aus der Nikotin-Diskussion: Selbstverständlich kann ein Raucher seinen Lungenkrebs auch aus anderen Gründen bekommen. Wir hatten nur ein paar Lobby-Probleme, bis wir es schafften, die Zigaretten-Werbung einzuschränken und unsere Gaststätten zu dekontaminieren.

Und wir müssen klar formulieren, dass wir seit 20 Jahren unserer höchsten Pflicht zur aufwendigen und nach Möglichkeit alle Zweifel ausschließenden Untersuchung der Uran-Problematik nicht nachkommen – unsere Komplizenschaft mit den Anwendern ist für die ganze übrige Welt klar sichtbar.

Wie weit Skrupellosigkeit, Zynismus und Menschenverachtung bei den verantwortlichen Politikern und Militärs reichen, wird deutlich, wenn wir uns vor Augen führen, dass auch die eigenen Soldaten von Folgeschäden betroffen sind! Sowohl bei ihnen als auch bei Teilen der Bevölkerung häufen sich „unerklärbare" Erkrankungen.

So sagte der Sprecher des ‚US Department of Veterans Affairs', Terry Jemison, der französischen Agentur AFP im August 2004, von 592.560 entlassenen Soldaten aus der Zeit des Zweiten Golfkriegs bezögen fast ein Drittel, genau 179.310, Behindertenrenten, weitere knapp 25.000 Fälle seien noch in Bearbeitung. Die entsprechende Meldung ist auf der Website seines Amtes nicht abrufbar – man bedauert die technische Panne...

In England wurde am 2. Februar 2004 das erste Uran-Opfer der britischen Armee, Kenny Duncan, offiziell bestätigt. Typisch für den Umgang der Institutionen mit diesem Thema: Die Tests dafür hatte Professor Dr. Albrecht Schott, Berlin, Vorsitzender des World Depleted Uranium Center, Woduc e.V., angeregt und bezahlt.[110] Schott schrieb, weitere 66.000 britische Kriegsveteranen harrten ihrer Anerkennung. So mächtig sind die Rüstungslobbys, dass Soldaten, die Leben und Gesundheit befehlsgemäß riskiert haben – und anschließend unter vermeidbaren Kriegsschäden leiden, auch noch um die Anerkennung ihrer verbrieften Ansprüche ringen müssen. Kenny

Duncan hat nachweislich u. a. Genschäden davongetragen, die er auf seine Kinder übertrug.

Während US-Diplomaten und ihre deutschen Verbündeten in der Vergangenheit immer wieder einmal die Schädlichkeit von Uranwaffen leugneten,[111] wird die Anwendung aus zahlreichen offiziellen Quellen deutlich.[112] In einer Studie über Uranwaffen und deren Schädlichkeit für Gesundheit und Umwelt schwärmt das zuständige Institut der US-Armee 1994:[113]

> „Diese Vollmetall-Geschosse haben die Geschwindigkeit, Masse und physikalischen Eigenschaften, um außergewöhnlich gut gegen gepanzerte Ziele zu wirken. DU verschafft einen substanziellen Wirkungs-Vorteil, weit besser als andere vergleichbare Komponenten. Dies gestattet DU-Panzerbrechern, ein gepanzertes Ziel aus bedeutend größerer Distanz zu durchschlagen. Außerdem eignen Dichte und physikalische Eigenschaften DU ideal für die Verwendung als Panzerplatte. DU wird in beiden Funktionen in Waffensystemen des Militärs seit vielen Jahren verwendet. Während der letzten 20 Jahre hat das Militäramt eine Anzahl Waffensysteme entwickelt, getestet und eingesetzt, die DU enthalten."

Es ist zu vermuten, dass offizielle Leser, die sich mit dem offenbar unerwünschten Gedanken tragen, gegen die Verwendung von Uranwaffen einzutreten, sich durch derartige Vorhaltungen davon abhalten lassen sollen, um der Kampf-Effizienz der Kriegführung und der Wehrfähigkeit der kämpfenden Truppe nicht zu schaden und kostspielige Neuentwicklungen zu vermeiden. Außerdem ist jedem professionellen Leser nach derartiger Vorbereitung klar, dass Änderungswünsche hier eine ganze Armee von stinksauren Militär-Bürokraten in Bewegung setzt, was die Karrieren auch befähigter Uranwaffen-Gegner durchaus frühzeitig beerdigen kann.

So ist der Tenor der Studie kein Wunder: Die schädliche Wirkung dieser Waffen, auch auf das eigene Personal, leugnete und leugnet die US Army eben wegen der hoch gelobten Effizienz der Waffen gern und unter haarsträubenden Behauptungen, wie zum Beispiel:[114]

> „Es ist höchst unwahrscheinlich, dass abgereichertes Uran (DU) ein Faktor ist, der zu den ungeklärten Erkrankungen beiträgt, die von Veteranen von ‚Desert Storm' gemeldet werden."

Und gleich im Vorwort werden Befürchtungen abgehakt, man könnte nach Kriegsende Umweltschäden beseitigen müssen – oder entsprechende Haftungsrisiken schultern:[115]

„Außerdem ist es unwahrscheinlich, dass es künftig nötig sein wird, Schadensbeseitigung auf Schlachtfeldern nur zur Beseitigung von DU durchzuführen."

Während es in den 90ern noch fünf Jahre dauerte, bis die ersten Symptome überall, jedoch vor allem in der Gegend von Basra auftauchten, zeigte die Bevölkerung in Afghanistan sofort Wirkung, offenbar wegen der Masse des abgeworfenen Uranmaterials.

Prof. Miraki zitiert[116] einen Zeugen in seiner Heimat:

> „Ich erkannte diesen langsamen aber sicheren Tod, als ich Blut in meinem Urin sah und sich starke Schmerzen in meinen Nieren entwickelten, zusammen mit Atembeschwerden, die ich nie vorher gehabt hatte. Viele meiner Familienmitglieder klagten über Verwirrtheit, und schwangere Frauen erlitten Fehlgeburten, während andere behinderte Babys gebaren." (Paktika, Akbar Khan, Februar 2003)

An der Existenz grauenhafter neuer Krankheiten in intensiv bombardierten Gebieten ist nicht zu rütteln – in großer Zahl und vielgestaltigen Ausformungen, unabhängig davon, wie stark der Bedarf an weitergehender Erforschung ist. Aber genau das ist eben auch eines der vielen ungeklärten Probleme der potenziell Uranwaffenbasierten gesundheitlichen Beeinträchtigungen und deren Erforschung, dass wir es hier mit einer enorm hohen und nicht prognozierbaren Bandbreite von Symptomen zu tun haben, sodass einfache Erklärungsmuster für die exakten Wirkungswege der Vergiftungen nicht greifen.

Die Generalversammlung der Vereinten Nationen hat im Dezember 2007 den Generalsekretär gebeten, die Auffassung der Mitgliedsstaaten und internationaler Organisationen zu den Auswirkungen von Uranmunition einzuholen und bei der nächsten Sitzung der Generalversammlung im Herbst 2008 einen Bericht vorzulegen. Hier hätte die Bundesregierung die Gelegenheit, ihr seit vielen Jahren vorliegendes Wissen über die allseitig schädliche und völkerrechtswidrige Wirkung von Uranwaffen einzusetzen. Dies wäre auch durchaus im nationalen Interesse, schließlich verzichtet die Bundeswehr auf Uran in entsprechend geeigneten Waffensystemen und verwendet stattdessen das weniger effiziente – aber auch weit weniger schädliche – Wolframkarbid, das Krebs erzeugen soll. Doch mit Uranwaffen experimentiert haben auf mehreren Übungsplätzen Deutschlands die Firmen Rheinmetall und MBB, seit den 70ern bis weit in die 90er

Jahre. Das oben von Ex-Verteidigungsminister Scharping so einfühlsam zur Beobachtung freigegebene Gesundheitsrisiko sieht aus dem Munde von Betroffenen so aus:[117]

> „Meine Frau war schwanger, und wir freuten uns auf die Geburt unseres zweiten Kindes. Am Tag der Entbindung war es meiner Frau seltsam zumute, und sie sagte, es gehe ihr nicht gut und sie habe Schmerzen im Unterleib. Als das Baby zur Welt kam, war es kaum als menschliches Wesen zu erkennen. Es sah so aus, als ob jemand das Baby geschlagen und dann seinen Körper mit Mehl bedeckt hätte. Mein armes Kind sah aus, als ob es in einem Korb Mehl gewälzt worden wäre. Als meine Frau das Baby sah, erlitt sie einen Schock. Fünf Stunden später starb sie." (Kundus, Zar Ghoon, Dezember, 2002)

Die Zeitschrift *Jane's Defence* gibt zur Verwendung von Uranwaffen eine erschütternde Übersicht,[118] der zufolge ausgerechnet Afghanistan, eines der ärmsten Länder der Welt, die weltweit größte Verwendungsdichte der verschiedenen Waffentypen aufweist (und womöglich auch die höchste verschossene Tonnage):

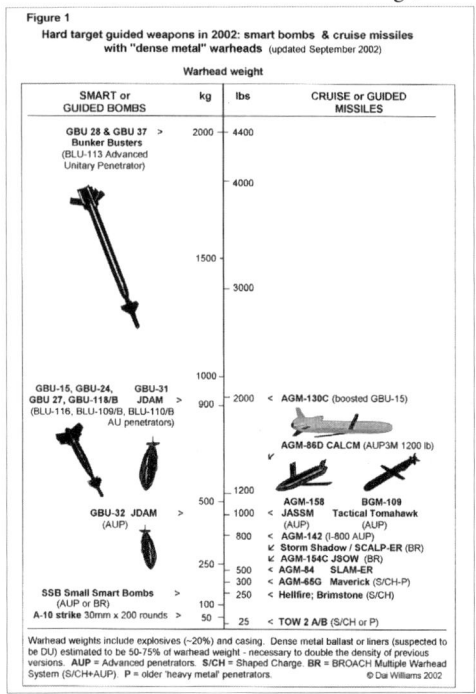

Darüber hinaus gibt der hoch engagierte Autodidakt in Sachen Uranwaffen, Dai Williams, folgende interessante Übersicht:[119]

Combat use of known and suspected DU weapon systems with dense metal penetrator or shaped charge warhead technology

Weapon	Gulf War 1993	Bosnia 1995	Desert Fox 1998	Balkans War 1999	Iraq no-fly zone 1992>	Afghan-istan 2001	New 2002 /2003
Guided Bombs (AUP upgraded versions)							
GBU-15	e	P	?	Y	?	Y	
GBU-24	e	P	?	Y	?	Y	
GBU-27	e	P	?	?	?	Y	
GBU-28 B/B	P	P	Y	Y	?	Y	
GBU-31 JDAM	e	e	P	Y	?	Y	
GBU-32 JDAM	e	e	P	Y	?	Y	
GBU-37 B/B			?	Y	?	Y	
SSB					P	P	D
Guided missiles							
TOW 2 A/B A/tank	Y	?					
AGM-65 G Maverick	Y	?	?	?	?	?	
Hellfire II / Brimstone	e	e	e	?	?	?	
AGM-84 SLAM-ER			?	?	?	?	
AGM-86D CALCM			P	P		Y	
AGM-130C				?	?	Y	
AGM-142 Hav Nap		?	?	Y	?	Y	
AGM-154C JSOW					154 A	P	D
AGM-158 JASSM						P	D
BGM-109 Tactical Tomahawk	e		e	E		P	D
Storm Shadow / SCALP ER						P	D
Sub-munitions							
BLU-108/B A/Tank cb				?		?	
BLU-97B cluster bomb				Y		Y	
Armor-piercing ammunition (DU confirmed)							
20mm Phalanx sea-to air							
25mm M791						?	
30mm PGU-14/B	Y	Y		Y		?	
120mm-US & Charm-UK	Y	?					

Key: Y = reported use. ? = operational, not reported. P = prototype testing expected. D = due delivery
Blank = not operational, not appropriate to combat situation. e = earlier versions not suspected of DU

Note: Data on warhead technology, operational status and combat use taken from:
Federation of American Scientists; Jane's Defence; Center for Defense Information; Hansard.

Eingangs stand die Frage, wozu im bitterarmen, ungeschützten, ungepanzerten, nicht betonierten Afghanistan stark panzerbrechende Waffen eingesetzt werden. Wir werden uns an die Erklärung gewöhnen müssen, dass, wenn es nicht um die panzerbrechende Wirkung geht, es nur der absichtliche, stille Genozid sein kann, der hier, unter tätiger Mitwirkung Deutschlands und aller übrigen 36 Nationen am Hindukusch, vor unser aller verschlossenen Augen täglich verübt wird. Abschließend sei der frühere Bundestagsabgeordnete, Medienmanager und Friedensvorkämpfer Jürgen Todenhöfer zitiert, der das westliche Moral-Gehabe bei Rechtsverletzungen durch andere Völker bei gleichzeitigen eigenen Schwerstverbrechen so kommentiert: „An dieser Doppelmoral wird die westliche Wertegemeinschaft scheitern, wenn sie sie nicht beendet."[120]

KUNDUS UND KEIN ENDE

1. Vorgeschichte

Als in den ersten Morgenstunden des 4. September 2009 bis zu 142 Menschen auf einer Sandbank bei Kundus in der gleichnamigen Provinz starben, ging für die Deutschen eine Ära zu Ende: Acht Jahre lang hatten sie nicht wissen wollen und auch nicht wissen sollen, was in Afghanistan jeden Tag geschieht: Im Kampf gegen Taliban und andere Widerständler sterben dort täglich Unbeteiligte: Frauen, Kinder, alte Männer. Jetzt gibt es einen Untersuchungsausschuss im Parlament und kontroverse Berichterstattung in den großen Medien. Die der SPD nahe stehende *Süddeutsche Zeitung* bezeichnete in ihrer Internetausgabe den vom Verteidigungsministerium ins Arbeitsministerium gewechselten Franz Josef Jung als „ewiges Sicherheitsrisiko",[121] zieh ihn tags darauf auf Seite 1 der Lüge[122] – und bereitete damit das schmähliche Ende seiner politischen Karriere am 28. September 2009 vor.

Was war geschehen? Die SPD hatte in der Bundestagswahl mit ihrem wenig charismatischen Spitzenkandidaten Frank Walter Steinmeier eine empfindliche Schlappe hinnehmen und aus der Bundesregierung ausscheiden müssen, nach elf Jahren an der Macht. Und seitdem kehrt wieder etwas mehr Pluralität in die deutsche Medienlandschaft ein.

Jungs Nachfolger Karl Theodor zu Guttenberg feuerte zunächst am 26. November Generalinspekteur General Wolfgang Schneiderhan sowie den im Ministerium bis dahin nahezu allmächtigen Staatssekretär Peter Wichert. Begründung: Sie hätten ihn nicht rechtzeitig und ausreichend informiert. Schneiderhan widerspricht seinem ehemaligen Dienstherren mehrfach und öffentlich – und verfällt in Schweigen. Jetzt sollen beide vor dem Untersuchungsausschuss vereidigt werden. Schneiderhans militärische Strategie am Hindukusch war stets die einer deeskalierenden Zurückhaltung gewesen. Wochenlang hatte er die Soldaten in den Camps gehalten, wenn die Lage nicht sicher schien und damit versucht, Zusammenstöße mit Widerständlern weitgehend zu vermeiden.

Doch dieses freundliche Miteinander von Deutschen und Afghanen, dass vor allem den in schwere Kämpfe im Süden des Landes verstrickten Nato-Kräften zunehmend auf den Wecker ging,[123] endete mit einem Selbstmordanschlag auf dem Markt der Provinzhauptstadt Kundus am 19. Mai 2007, der drei deutsche Soldaten das Leben kostete.[124] Am 5. Oktober wurden drei deutsche Soldaten bei Kundus durch einen Selbstmordattentäter leicht verletzt. Und in diesem Herbst ging es in den Provinzen Faryab und Badghis richtig los. Die deutschen Truppen hielten mit zwei Operationen unter dem persischen Namen „Harekate Yolo" (Korrektur der Front) in den Provinzen Badakhshan und Faryab dagegen.[125, 126] Bundestag und Öffentlichkeit wurden kaum unterrichtet, angeblich gab es keine alliierten Verluste. Die Alliierten rückten jedes Mal gegen ausgekundschaftete Stellungen der Taliban vor – und zogen sich nach einigen Tagen wieder zurück.

Was die Militärs womöglich nicht bedachten: Die Taliban studierten bei diesen Kämpfen das Vorgehen ihrer Gegner – und setzten außerdem ihr Vordringen in den Norden einfach fort. Dabei fanden sie zunehmend Zustimmung der Bevölkerung, die unter der Verschlechterung ihrer Lage litt. So wurde im Mai 2008 eine weitere „Operation" mit Namen „Karez" durch die Norweger fällig. Das hatten die Deutschen zur Vorbedingung ihrer Übernahme der QRF[127] gemacht. Wieder zog man sich nach einigen Tagen ins vergleichsweise gemütliche Lager zurück.

Was wieder nicht bedacht wird: Diese „Ausflugskriegführung" erzielt keine Nachhaltigkeit und sorgt deshalb notwendigerweise für Vertrauensverlust in der Bevölkerung.[128] Im Zusammenhang mit unzureichenden Mitteln für Entwicklungshilfe und fehlender Aufbaustrategie lernen Afghanen mit jeder alliierten Aktion aus erster Hand, dass auf diese Ausländer nicht zu bauen ist. Außerdem können dabei auch Analphabeten einschätzen, dass der militärische Aufwand die zivile Aufbauunterstützung mehrfach übersteigt. Auch das führt nicht zur Vertrauensbildung. Hingegen wäre eine gezielte und großzügige Entschädigungspolitik für Kriegsfolgeschäden in der Bevölkerung vonnöten, um den „Lerneffekt" in die gewünschte Richtung zu lenken. Marketingstrategisch ausgedrückt: Alliierte Truppenausflüge müssten ihre Berührungen mit zivilen Lebensbereichen als „Kundenkontakte" ansehen und pflegen. „Köpfe und Herzen gewinnen" ist nämlich ein Konkurrenzkampf, in dem nicht nur das eingesetzte Geld entscheidet, sondern vor allem der objektive Sympathiegewinn. Davon kann jedoch keine Rede sein. Bestenfalls werden ein paar Projekte im Kampfgebiet durchgezogen – Ende der Durchsage. Um es auf den Punkt zu bringen: Wir trainieren Soldaten, Kämpfe zu gewinnen. In der heutigen Zeit müssten wir jedoch Strategien entwickeln, belastbar stabile, nachhaltige Zustimmung in Bevölkerungen zu erzeugen. Waffenträger sind dafür nicht nur nicht oder zwangsläufig unzureichend ausgebildet, sie können direkt stören. Gar nicht hilfreich ist, wenn einen Tag nach der versehentlichen Erschießung von Zivilisten[129] eine militärische Operation beginnt, zum Beispiel „Adler" am 20. Juli 2009.[130]

Um es klar auszudrücken: Die Alliierten im Norden Afghanistans haben die Eskalationsstrategie ihrer Verbündeten im Süden offenbar übernommen. Die Bevölkerung gerät dabei zwischen die Fronten und wird so behandelt, dass sie sich dem Lager der Widerständler anschließt. Die USA wünschen diese Entwicklung, weil sie ständig mehr Truppen zwischen Iran und China schieben wollen, um deren engeren Zusammenschluss und Rohstoffströme nach China unterbinden zu helfen. Die traditionell guten Beziehungen der Deutschen in die Region werden dabei seit 2001 rücksichtslos und bewusst geopfert, der Schaden muss als beabsichtigt angenommen werden.

Die unangefochtene Vormacht der Alliierten endete, als der deutsche Verantwortungsbereich in Nordafghanistan ab 2009 zunehmend zum Transport von Nato-Nachschub herhalten musste, weil die US-Verbündeten zusammen mit Großbritannien und anderen den Süden Afghanistans bis 2008 derart gegen sich aufgebracht hatten, dass die dortigen Hauptnachschubwege nicht mehr sicher waren.[131]

Damit gerieten die deutschen Truppen, die unseligerweise auch noch am 1. Juli 2008 die „Schnelle Eingreiftruppe" in Mazar-i-Sharif von den norwegischen Verbündeten übernommen hatten, zunehmend in die Schusslinie. Die QRF musste von ursprünglich 200 auf 600 Mann verdreifacht werden.[132] Die Nato brachte sogar Präsident Karzai dazu, den unruhigen Distrikt Ghormach aus der Provinz Badghis außerhalb des deutschen Verantwortungsbereichs auszugliedern und der Provinz Faryab zu unterstellen, wo Deutschland zuständig ist. 2009 schlugen sich dann die Deutschen in ihrem

Bereich in wochenlangen Aktionen mit den Taliban und anderen Widerständlern, immer wieder im Distrikt Chahar Darreh, wo am 4. September die Bomben fielen. Niemand weiß, wie viele Zivilisten bei diesen Kämpfen ums Leben kamen, doch müssen die Zahlen hoch liegen, ungewohnt hoch für deutsche Verhältnisse, sicher mehr als tausend Menschen.

Doch auch die Deutschen hatten 2009 Verluste zu beklagen:
- am 29. April verwundete ein Selbstmordbomber in Chahar Darreh fünf deutsche Soldaten, Stunden später gab es in der Nähe einen Toten und weitere vier Verwundete
- am 7. Mai gab es parallele Kämpfe nahe Feyzabad, wo der Talibanführer Abdul Razeq in Gefangenschaft geriet und ein deutscher Soldat verletzt wurde – sowie wieder im Distrikt Chahar Darreh
- am 7. Juni wurden in Chahar Darreh zwei deutsche Soldaten angeschossen
- am 23. Juni wurden drei Deutsche getötet, als ihr Transportpanzer sich bei einem Ausweichmanöver überschlug und in einen Fluss fiel.[133, 134]
- am 7. August wurde ein deutscher Soldat angeschossen[135]
- kurz vor dem Bombardement vom 4. September hatte die Bundeswehr acht Fahrzeuge verloren, ein Soldat war bei der „Operation Aragon" nahe Feyzabad angeschossen worden[136, 137]

2. Das Massaker

Gegen 19 Uhr am 3. September 2009 entführten die Taliban zwei Tanklastwagen voll mit Dieselkraftstoff. Nach dem oben geschilderten Vorlauf wird erklärlicher, warum die *Task Force 47* im Lager Kundus mit ihrer permanenten KSK-Beteiligung sich entschloss, die LkW in das Lager der Taliban fahren zu lassen – und dort zu bombardieren, so dass ein erheblicher Teil der etwa 300 Widerständler womöglich zusammen mit wichtigen Anführern getroffen werden könnte. Pech für die Deutschen war jedoch bei diesem Plan, dass die LKW gegen 20 Uhr auf der Sandbank im Kundus-Fluss steckenblieben. Laut *Stern*[138] verließ der im Zusammenhang mit dem Bombardement auf die Zivilisten in die Kritik geratene deutsche Oberst Georg Klein um kurz vor 22 Uhr die Szene – und geht vermutlich schlafen. Auf seinen Befehl hin erkundete ein B1-Bomber der US-Luftwaffe den Standort der LKW in Chahar Darreh. Es war ein afghanischer KSK-

Spitzel, der dann, ohne Sichtkontakt zu haben, die *Task Force 47* mit der (grundfalschen) Information versorgte, es seien ausschließlich Taliban bei den havarierten LKW. Die Fehler und Versäumnisse des Oberst Klein laut *Stern*:
- ließ diese Angaben gegen den Rat von Untergebenen nicht prüfen, bevor er den Einsatzbefehl für die US-Bomber gab
- lässt seinen Rechtsberater nicht wecken, was bei derartigen Entscheidungen üblich ist
- informiert seinen Vorgesetzten, Brigadegeneral Jörg Vollmer, nicht
- berät sich nicht mit dem ISAF-Kommando in Kabul
- behindert Untersuchungen und Informationsflüsse in den ersten Stunden nach dem Bombardement

Klein gibt den Einsatzbefehl für die Bomber um 1:35 am Morgen des 4. September. Der deutsche Luftwaffenleitoffizier, Oberfeldwebel W. („Red Baron 20"), hat anschließend laut *Stern* die sehr professionell vorgehende F-15-Staffel zweimal falsch informiert:

1. Ja, deutsche Soldaten seien akut bedroht. Es gibt Uneinigkeit, was „akut" in diesem Zusammenhang bedeutet. Doch es muss klar sein: Da die deutschen Soldaten gar nicht am Ort waren, war der Sinn einer Anforderung bodennaher Luftunterstützung nicht erfüllt. Oberst Klein hat inzwischen zugegeben, dass er gelogen hat.[139]
2. Gibt es „Feindberührung"? Ja, lügt der Deutsche.

Und einmal hat er noch falsch entschieden, als die Piloten vorschriftsmäßig fragten: Ob man nicht einmal über das Zielgebiet hinweg fliegen solle (Nato-Jargon: „show of force"), bevor man bombardiert (weil die Feinde dadurch die Möglichkeit erhalten, sich zurückzuziehen und das Bombardement vermieden werden kann).

Damit ist klar: Oberst Georg Klein muss nach einer glänzenden Militärkarriere damit rechnen, dass er zu einer Gefängnisstrafe verurteilt wird. Allerdings ist zu hören, dass die Staatsanwaltschaft das Verfahren einstellen möchte, weil die Bevölkerung sich in Gefahr gebracht habe. Das wäre ein Skandal und würde den deutschen Ruf weltweit und vor allem In Afghanistan beschädigen. Auch US-General Stanley McChrystal hatte eine Bestrafung Kleins gefordert. Und die amerikanischen Bomberpiloten wurden bestraft, wenn auch sehr milde: abberufen und strafversetzt...[140]

Allein dieses hoch differenzierte Vorgehen mit „Vorwarnung" durch die Luftwaffe, zeigt die ganze fabelhafte Schwäche dieses

Militäreinsatzes am Hindukusch. Eine derart vorsichtige Behandlung eines Gegners kann doch nur Sinn machen, wenn man bei Tageslicht ganz Afghanistan mit überzeugenden Aufbauleistungen begeistert. Das aber geschieht nicht – und ist auch nicht vorgesehen. Das bedeutet im Klartext: Die Regierungen der Truppenstellerländer verheizen ihre Soldaten, weil sie das zivile und soziale Ambiente nicht schaffen, in dem der lebensgefährliche Einsatz dieser zumeist jungen und gutwilligen Menschen sinnvoll begleitend wirken könnte. Unsere Regierungen tun wieder einmal nicht, was sie vorgeben zu tun. Diese ganzen komplizierten Verhaltensregeln (Rules of Engagement – RoE) wirken damit wie ein bewusstes Täuschungsmanöver der verantwortlichen Befehlshaber, die um die kriminelle Gesamtstrategie des mächtigsten Militärbündnisses der Welt zweifellos wissen.

Der ebenso engagierte wie verlässliche afghanisch-stämmige Opferanwalt Karim Popal aus Bremen hat in lebensgefährlicher persönlicher Recherche am Ort 142 Todesopfer festgestellt – davon 137 Zivilisten, darunter 36 Kinder zwischen fünf und 16 Jahren.[141] Das deutsche Bundesverteidigungsministerium hat ihn nicht nur arrogant behandelt, es ist nicht auszuschließen, dass es auch fehlerhafte Meldungen verbreitet. Popal werden die „Untersuchungsergebnisse" von Amnesty International vorgehalten, die zu wesentlich geringeren Totenzahlen kommen. Popal berichtet jedoch (in einem Telefonat am 22. Januar 2010), dass sein Helfer in Kundus, Mullah Khairullah aus Charhar Darreh, auch für AI gearbeitet habe. Und nach Angaben von Mullah Khairullah waren nicht nur der AI-Mann sondern auch das Rote Kreuz nur stundenweise in Kundus. Popal jedoch gibt an, bei vier Afghanistan-Reisen innerhalb eines Monats insgesamt 16 Tage in Kundus recherchiert zu haben. Er macht außerdem sehr plausible Vorschläge, um zu verhindern, dass Entschädigungszahlungen deutscher Behörden nur Räubern oder Erpressern in die Hände fallen. Auch viele Medien haben Popals gute Arbeit missachtet. Solche Fehler schaden dem Ruf Deutschlands in der Welt und frustrieren gutwillige Helfer.

3. Die politische Bewertung

Vier wichtige Aspekte helfen, das ganze Geschehen besser einzuordnen:

3.1. Wissensstände

Das ganze bodenlose deutsche innenpolitische Gefummel über die übliche Affärenfrage: „wer hat was wann gewusst?" wird hinfällig, wenn wir davon ausgehen, dass es im Bundeskanzleramt jede Woche ein ausführliches Informationsgespräch („Briefing") aller deutschen Geheimdienste für alle Ministerien gibt. Alle haben alles rechtzeitig gewusst, um vernünftige Schlüsse zu ziehen und effizient zu handeln. Die Frage ist, warum das nicht geschieht, seit acht Jahren nicht, erst seit dem 4. September 2009.

3.2. Fehlerkultur der Nato am Hindukusch

Dass der Kundus-Zwischenfall vom 4. September überhaupt so geschehen konnte und dessen Behandlung durch Politik und Militär zeigt, dass alle beteiligten Führungskräfte ständig mit fürchterlichen Exzessen, Fehlentscheidungen und sinnlosen Opfern zu tun haben, im täglichen Morden ist Gewöhnung eingetreten, die Truppe verlottert moralisch. Es ist dieses mörderische Entscheidungsambiente, das wir beseitigen müssen, damit bessere Vorgehensweisen öfter gewählt werden als die gegenwärtigen schlechten. Und wir schaffen uns auch skrupellose Verbündete:

Der Provinz-Gouverneur von Kundus, Mohammad Omar, hatte kurz nach dem Bombardement den Deutschen bescheinigt, richtig gehandelt zu haben – ebenso wie sein Polizeichef und der stellvertretende Geheimdienstchef.[142] Alle müssen gewusst haben, dass es ein verheerendes Blutbad unter den Zivilisten von Chahar Darreh gegeben hat. Es ist ihnen aber egal, denn diese Zivilisten sind politisch nicht auf ihrer Seite, sind möglicherweise Sympathisanten der Taliban geworden, sind auch Paschtunen, Angehörige der afghanischen Mehrheitsethnie, der diese Offiziellen nicht angehören. Und jetzt sagte der Gouverneur, er wünsche sich lieber amerikanische Truppen in Kundus, die Deutschen seien zu lasch.[143] Das ist die brutale Wahrheit von Afghanistan: Diese Menschen sind so arm dran, dass sie lieber Landsleute von Fremden ermorden lassen, um ihre eigene

Position zu stabilisieren, als nach Recht und Ordnung zu entscheiden. Und für den einzelnen Agenten am Satelliten-Handy, der mit seinen Falschangaben eine wesentliche Stütze dieser Attacke war, gilt womöglich das Gleiche. Wie oft spielten und spielen bis heute einzelne Afghanen mit der mörderischen Maschine dieses Krieges, um persönliche Rechnungen zu begleichen.

3.3 Grundsätzlicher Systemfehler in Afghanistan
Viel zu viel Militär, viel zu wenig Hilfe für die Menschen in ihrer gewaltigen Armut – das sind die entscheidenden Fehler des Westens in diesem selbstgebastelten Konflikt. Man kann als Ausländer bewaffnet in Afghanistan herumlaufen – aber man sollte dies nur zur Selbstverteidigung tun und sich ansonsten mit den Menschen in dem Gebiet zusammentun, in dem man arbeitet. Wir hätten ab 2002 nicht unser Militär hochfahren sollen, sondern die Entwicklungshilfe – und noch immer gibt es eine Chance auf Erfolg, wenn wir sofort damit begännen.

3.4. Das Umsteuern jedoch kann zu diesem späten Zeitpunkt nur gelingen, wenn die Nato alle wichtigen Anrainer und alle wichtigen Widerständler mit ins Boot nimmt. Wir müssen endlich REDEN, nicht nur immer mit unseren gekauften Afghanen und Stiefelleckern, sondern vor allem auch mit geeignetem Personal in den Reihen unserer Feinde – und zwar endlich offen und ehrlich.

Fazit
Wenn wir nicht endlich lernen und unser Vorgehen nicht ändern, wird es noch viele Zwischenfälle wie in Kundus geben. Weil wir dabei den Respekt der Welt verlieren, leiden Ruf und Kraft der Nato. Nicht zuletzt ist mit Sicherheit die beste Schutzmaßnahme für unsere Soldaten (Nato-Jargon: „force protection") die Priorisierung von Anstand und menschlicher Klugheit durch die verantwortlichen Einsatz-Entscheider in der Politik.

Und nur ein Wunder kann Bundesverteidigungsminister zu Guttenberg im Amt halten.

OBAMAS AFGHANISTAN-PLÄNE SIND EINE VERLIERER-STRATEGIE

Offener Brief an Bundesregierung, Bundestag, alle Medien, Friedensbewegung, Neue Mitte etc. aus Anlass der Mandatsverlängerung für den deutschen Afghanistan-Einsatz (ISAF) per E-Mail am 3. Dezember 2009, 04:05 Uhr

Sehr geehrte Damen und Herren Mitglieder des Deutschen Bundestages,
sehr geehrte Damen und Herren, liebe Kolleginnen und Kollegen, liebe Freundinnen und Freunde,

der Bundestag entscheidet heute über die Mandatsverlängerung von ISAF und OEF.

US-Präsident Obama hat in den vergangenen Tagen und Wochen mit der Verkündung seiner „Afghanistan-Strategie" die Medien weltweit beherrscht.[144] Wie so häufig in solchen orchestrierten Fällen, steht das inhaltliche Gewicht im Gegensatz zum äußeren Getöse:

1. **Kriegsziel sei die Bekämpfung von „Al-Qaeda"?**

Dann ist festzustellen, dass die Bekämpfung von kleinen Terrorgruppen und Untergrund-Sympathisantenströmungen nur dann gelingen kann, wenn die jeweiligen Bevölkerungen für eine Zusammenarbeit mit den Behörden gewonnen werden können.

In Afghanistan haben die USA, auch unter Obama, jedoch alles getan, um mit viel zu viel Militär den Krieg weiter zu eskalieren und durch viel zu wenig Aufbauhilfe parallel die Bevölkerung weiter zu brüskieren.[145] Auch in den etablierten US-Medien wie z. B. der *New York Times* wurde von namhaften Reportern immer wieder betont[146, 147], dass den Afghanen jedoch vordringlich wichtig war, dass die USA dieses Missverhältnis einsehen und abändern. Das ist nicht nur nicht geplant, sondern das Gegenteil hat Obama soeben verkündet. Im rein militärischen Bereich wirken die Entscheidungen verheerend.

Schließlich muss die Terrorbekämpfung im engeren Sinne geheimdienstlich und polizeilich erfolgen – dazu fehlen in Afghanistan alle Voraussetzungen.

- Grundsätzlich ist die traditionell enge Zusammenarbeit der CIA mit Al-Qaeda politisch nicht aufgearbeitet und dauert in Teilen an.
- Mangels geeigneter militärischer Flächenstrategie (s. nächster Punkt) und ziviler Ordnungsfähigkeit durch die Schwäche der staatlichen Institutionen Afghanistans kann sich geheimdienstliche/polizeiliche Arbeit gar nicht entfalten und bleibt auch bei hohen Finanzaufwendungen praktisch chancenlos.
- Mangels ziviler Entwicklungsarbeit und langfristiger Perspektiven kann die Bevölkerung nicht zur Zusammenarbeit überzeugt werden, zumal sie von Seiten des afghanischen Widerstandes aus Taliban und lokalen Gruppen, der mit Al-Qaeda zusammenarbeitet, selbstverständlich unter Druck gesetzt wird. Die Verkündung eines Abzugstermins, aus rein innenpolitischem Kalkül des auch dort bedrängten US-Präsidenten, tut den Rest, um das Gesamtengagement ins Leere laufen zu lassen.
- „Nation-Building", der Aufbau staatlicher Ordnungsmacht in Afghanistan wurde ganz offiziell „beerdigt".[148, 149] Was jetzt noch geschieht dient lediglich der Strukturabsicherung für das potemkinsche Dorf der Verwaltung Afghanistans. Das vermeidet nicht nur übergroße Peinlichkeiten selbst bei linientreuen Beobachtern, vielmehr bietet dieser „Rahmen" geeignete beste Bewegungsmöglichkeiten für staatszersetzende Aktivitäten, beispielsweise durch direkte Kooperation von US-Diensten mit lokalen Einheiten im zivilen und militärischen Sektor (siehe 3.).
- Kein Afghane hat jetzt noch Vertrauen in die USA und die Nato,[150] alle US-liierten Afghanen suchen jetzt nach Chancen, sich so schnell wie möglich zu bereichern, um sich bei Truppenabzug materiell abgesichert ins Ausland absetzen zu können.

In Pakistan suchen die USA, ihre CIA- und Söldner-Kapazitäten auszubauen. Insbesondere die in einer rechtlichen Grauzone arbeitende Tötungsmaschinerie aus Drohneneinsatz und kleinen, hoch mobilen Kommando-Unternehmen soll künftig von dort aus gesteuert werden. Dies wird fortgesetzt, obwohl der fragile pakistanische Staat am Ende seiner Leidensfähigkeit angekommen scheint – ebenso wie die Restsympathien für die USA und die Nato bei seiner verständlicherweise frustrierten und empörten Bevölkerung, die bei 17% dümpeln.[151] Ständiger Wechsel zwischen Aufstandbekämpfung und Aufstandsbeschwichtigung, jeweils von den USA unterstützt, hat den Widerstand gegen die gesamte führende politische Klasse in Pakistan in den letzten fünf Jahren stark wachsen lassen. Pakistan steht vor dem Kollaps – hauptsächlich durch inzwischen historisches westliches Verschulden.

FAZIT: Das verkündete US-Ziel der Terrorbekämpfung erscheint nicht glaubwürdig, vielmehr ist damit zu rechnen, dass, wie bisher, das Vorhandensein von „Terrorgruppen" von den Nato-Regierungen dazu missbraucht wird, nationale demokratische Rechte ihrer Bevölkerungen zu unterminieren. So bedauerlich es ist, dies immer wieder feststellen zu müssen: Vorhandene kriminelle innenpolitische Neigungen der außenpolitisch ohnehin konzeptionslos verbrecherischen Nato-Regierungen werden durch die jüngsten Obama-Beschlüsse ganz offensichtlich unterstützt.

2. Die militärische Strategie sei, Bevölkerungszentren zu schützen und sich aus vielen kleinen, lokalen Stützpunkten zurückzuziehen?

Dies ist eine genaue Kopie der Sowjetstrategie vor deren Truppenabzug: Die weite Fläche des Landes wurde dem Widerstand, von einzelnen und meist unwirksamen Bombardements abgesehen, frei zur Verfügung gestellt. Der Autor war damals persönlich und über Monate hinweg mit dem afghanischen Widerstand unterwegs und konnte sich von der Sinn- und Hilflosigkeit dieses Vorgehens eingehend überzeugen.[152] Damit war von vornherein ausgeschlossen, dass das afghanische Volk noch für die Besatzungsmacht gewonnen werden konnte.[153] Die „Bevölkerungszentren" wurden von ihrem Umland isoliert, waren bald von hoch effizienten Verbänden des Widerstandes umgeben – und erlitten zahlreiche Bombenattentate, Feuerüberfälle aus umliegenden Bergen sowie eine schleichende Unterwanderung der städtischen Institutionen und Wirtschaft, die ja ohne Außenkontakte nicht existenzfähig sind. Schließlich wurde die Bodenversorgung der Ballungsgebiete unter Kontrolle der Aufständischen gebracht, weil die Zufahrtswege nicht mehr zu beherrschen waren. Das Ende kam schneller als befürchtet.

3. Absicherung der Beherrschbarkeit des Landes und Eindämmung des afghanischen Widerstandes durch lokale Milizen?

Der Bremer Anwalt und Deutsch-Afghane Karim Popal hat im Zuge seiner Recherche-Reise in der Provinz Kundus wegen der Opfer des verfehlten Luftangriffes auf Tanklastwagen berichtet, dass für die Aufstellung derartiger Milizen auch Kriminelle aus örtlichen Gefängnissen geholt und eingesetzt wurden. Diese Milizenbildung stellt eine von wenigen Chancen für die mittellose Bevölkerung dar, sich kurz vor Kriegsende noch ein wenig zu bereichern. Wegen der engen Verflechtung ethnischer und anderer Art ist jedoch der militärische Nutzen solcher Horden denkbar gering, der Schaden für den Staat dagegen gewaltig – und das Ziel, das Vertrauen der Bevölkerung zu gewinnen, wurde offenbar längst aufgegeben.

ZUSAMMENFASSUNG: Seit 2001, als ganz offensichtlich nicht versucht werden durfte, „Al-Qaeda"-Spitzenkräfte oder die Taliban-Führung, die bis heute „quasi-offen" im pakistanischen Quetta agiert,[154, 155] gefangen zu nehmen, haben die USA mit der Nato am Hindukusch eine militärische Eskalationsstrategie verfolgt.[156] Eklatanter Mangel an koordinierter und strategisierter Entwicklungshilfe, immer wieder rüdes Benehmen vieler Bodentruppen sowie ständige Bombardements aus der Luft auf Zivilisten[157] haben, wie sich viele ranghohe Beobachter, Kriegsteilnehmer und Experten aus Politik, Armee und Wissenschaft in den Medien vernehmen ließen, „ein Drehbuch: ‚Wie verliert man den Krieg in Afghanistan' geschaffen".[158]

Damit wurde ein Drehbuch erstellt, das die US-Schriftstellerin Naomi Klein in ihrem jüngsten Werk „Schock-Doktrin" umfangreich dokumentiert beschrieben hat: Aufweichung staatlicher Strukturen, um ganze Staaten ins Chaos zu stürzen, deren Widerstandsfähigkeit strukturell zu unterminieren und für die Privatwirtschaft in allen Sektoren, von Söldnertruppen bis zur Privatschule, Verdienstmöglichkeiten zu schaffen. Absehbar ist dabei: Es wird ein blutiger Kampf notwendig werden, um diese weder nachhaltigen noch sonst wie zukunftsfähigen radikalen „Systeme" später wieder zu beseitigen.

Obamas Strategie ist ein Plan für den totalen Verlust des Afghanistan-Krieges. Wenn dieser Bundestag heute eine Verlängerung des bundesdeutschen ISAF-Mandats beschließt, macht er sich mitschuldig an diesem historischen Verbrechen an den Völkern Afghanistans und Pakistans – aber auch an den Steuerzahlern der Nato-Länder, für das die kommende Generation zu bezahlen hat.

EXIT-STRATEGIE FÜR AFGHANISTAN

1. Voraussetzungen

1.1. Lage

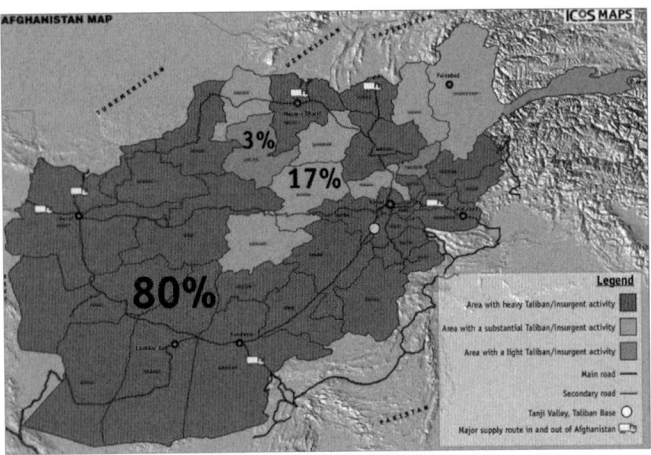

Die jüngste Übersicht des weltweit renommierten Think Tanks ICOS (International Council on Security and Development, vormals: Senlis Council) über die Aktivitäten des afghanischen Widerstandes, allen voran die Taliban, zeigt eine fast totale Flächen-Beherrschung Afghanistans durch die Taliban:

Bereits von 2007 auf 2008 hatte ICOS erhebliche Machtzuwächse der Taliban im ganzen Land konstatiert:

2006 zählte die Nato offiziell 6.400 „Zwischenfälle", gegliedert in Selbstmordattentate, Straßenbomben (IED) und direkte Gefechte. Für das Jahr 2009 geben offizielle ISAF-Zahlen mehr als etwa eine Verdoppelung auf mehr als 15.000 an.

Vor ausgewählten Führungskräften der deutschen ISAF-Truppen stellte der Autor als deren Coach in den Jahren 2006 und 2007 regelmäßig fest: Das strategische US-Interesse in der Region liegt in der Einkreisung des Iran und der Eindämmung konkurrierender chinesischer und russischer Machtambitionen. Erst in zweiter Linie steht das Interesse an Bau, Betrieb und Beherrschung einer Doppel-Pipeline für Öl und Gas aus Turkmenistan, entlang der iranisch-afghanischen Grenze bis nach Pakistan.

Deutschland wie auch allen Verbündeten am Hindukusch bieten sich 2010 zwei grundsätzlich unterschiedliche Alternativen, Politik am Hindukusch zu gestalten. Die erste lässt sich mit dem etwas herabsetzenden Stichwort „mehr vom Gleichen" beschreiben. Dies erbrachten die Nato-Gipfel von Riga Ende November 2006 und Bukarest im Frühjahr 2008 sowie schließlich die Obama-Strategie vom Dezember 2009 mit ihrer Vergrößerung der Gesamtzahl der Koalitionstruppen von 104.000 auf über 140.000.

Mehr vom Gleichen bedeutet auch: Etwas mehr Entwicklungshilfe, die Londoner Konferenz am 28. Januar 2010 wird den Rahmen festlegen. Deutschland zum Beispiel beschloss eine Aufstockung um 20 auf 100 Millionen Euro für 2007 und hat für 2008 auf € 125 Mio. erhöht, 2009 waren es 144 Millionen. Und es kamen 1.000 Mann mehr Truppen nach Afghanistan, auch für den Ersatz der Norweger, die ihre schnellen Eingreif-Kontingente abzogen. Das bedeutet: „mission creep", die schleichende Ausweitung des deutschen Einsatzes, geht weiter. Termingerecht zur Mandatsverlängerung im Herbst 2007 schrieb Markus Kaim von der Stiftung Wissenschaft und Politik,[159] wie man sich vom unbeliebten OEF-Einsatz trennt: Man schiebt ihn samt den ebenfalls in der Bevölkerung nicht geschätzten Tornados in das ISAF-Mandat. Die Affäre um das umstrittene Bombardement in Kundus vom 4. September 2009 zeigt: Das ist geschehen, KSK-Personal hatte dem anschließend in die Kritik geratenen Bundeswehr-Oberst Klein die Entscheidungen nahegelegt.[160] Die Öffentlichkeit wusste ein Vierteljahr lang nicht, dass die KSK an diesem Fall beteiligt war.[161] Die Bundesregierung entzieht dem Parlament im Fall KSK regelmäßig die Kontrolle.[162]

Ein Papier der Stiftung Wissenschaft und Politik (SWP) in Berlin formulierte[163] positive Gesichtspunkte zur abziehenden Schnellen Eingreiftruppe der Norweger in Nordafghanistan, die Deutschland ersetzt hat. Jedoch, wie vom Autor vorhergesagt, führt ein erhöhtes oder intensiviertes militärisches Engagement lokal und kurzfristig fast immer zu kurzfristigen positiven Ergebnissen in den Kampfgebieten – um dann jedoch in einen Zustand erhöhter Unsicherheit überzugehen, der schlechter ist, als der vor der Erhöhung oder Intensivierung dieses Engagements – bei gestiegener Nachhaltigkeit der angerichteten Schäden.

Für viele Experten – aber auch für krisenerfahrene Politiker wie Richard Holbrooke[164] – war jedoch schon vor zweieinhalb Jahren deutlich sichtbar, dass ein grundsätzliches „weiter so" zu einem bitteren Ende führen wird, ganz nach dem sowjetischem Vorbild von 1988 und nach dem britischem Vorbild aus dem vorletzten Jahrhundert. Auch der weltweit führende Afghanistan-Experte Barnett R. Rubin von der Columbia University in New York[165] ruft seit Jahren dringlich nach einem dramatischen Wandel der Afghanistan-Politik.

Angesichts dessen lässt sich ein wirklich neuer Weg in eine erfolgreichere Zukunft wie folgt umreißen:

Strategische Planung für ein Konzept des geordneten, konstruktiven Disengagements mit nachhaltigem Frieden als Resultat und sofortigem Beginn der Umsetzung dieses Konzepts, testweise in einem zunächst begrenzten Teilgebiet.

An diesem Punkt gilt es, klare Prämissen zu setzen:

1. Wer jetzt dem sofortigen Abzug der Bundeswehr das Wort redet, will die Bundesrepublik in ihren beiden wichtigsten außenpolitischen Orientierungen beschädigen: Europa und Nato. Er beschädigt außerdem beide

Bündnisse, die jahrzehntelang ihre Friedensfähigkeit bewiesen haben. Und er begibt sich ohne Not jeder Einflussmöglichkeit für gute und fundierte Aufbauleistungen in Afghanistan, die auch vom strategischen Ansatz und vom Umfang her diesen Namen verdienen.
2. Wer andererseits jetzt immer noch nicht bereit ist, den gesamten Afghanistaneinsatz grundsätzlich und radikal neu zu denken, dessen Politik führt mittelfristig mit Sicherheit zum gleichen Ergebnis: Nato, Europa und damit auch Deutschland erleiden Schaden.
3. Wer schließlich bei einem solchen Neuansatz meint, er müsse von außen die afghanische Innenpolitik entscheidend mitgestalten, überdehnt seine Möglichkeiten und begibt sich erneut auf den Weg in die Niederlage. Das britische Empire und die Sowjetunion sind diesen Weg bereits gegangen.
4. Wer schließlich meint, wenn er schon nicht die afghanische Innenpolitik mitgestalten solle, dann benötige er in Zentralasien zumindest einen Brückenkopf, der möge rechtzeitig erwägen, dass dies langfristig nur mit Zustimmung des gesamten afghanischen Volkes und zusätzlich auch dessen wichtigster Nachbarn möglich ist.

1.2. Neuer Ansatz: Stabilität durch ein starkes Zentrum in Zentralasien

Als weitere Grundlage jenseits kurzfristiger nationaler und internationaler Interessen für eine langfristige, echte Lösung des Problems sei folgender Gedankengang empfohlen: Deutschland und Afghanistan nehmen in ihrer jeweiligen Region eine strategisch bedeutsame geographische Mittelposition ein. Deutschland ist nach zwei verlorenen Weltkriegen nicht nur wieder ein starkes Land geworden, sondern auch ein Stabilität und Verlässlichkeit ausstrahlender ruhiger Pol in seinem geographischen und politischen Umfeld. Afghanistan hingegen ist vor allem aus nationaler Schwäche in die Leidensgeschichte der letzten mehr als dreißig Jahre hineingetaumelt. Um Stabilität, Verlässlichkeit und Ruhe weit in die zentralasiatische Region hinein ausstrahlen zu lassen, sollte die Nato die eklatante nationale Schwäche Afghanistans beheben helfen: durch ein System grundsätzlicher Souveränität und Selbstbestimmung, internationaler Garantien und strategisch sinnvoller massiver Entwicklungshilfe, die die jetzigen Planungen zunächst mindestens verdreifacht. Damit könnte Vorsorge dagegen getroffen werden, dass künftig erneut die

Begehrlichkeit fremder Nationen die gesamte Region destabilisiert, um Einfluss und Macht im strategisch hoch wichtigen Afghanistan und Zentralasien zu gewinnen.

1. 3. Rahmenbedingungen und Zeitdruck

Der Trend und die Zeit in Afghanistan arbeiten nicht für die Nato, sondern für Asien und die gesamte Region rund um den Hindukusch. Der Widerstand profitiert davon, denn Russland und China investieren bereits und liefern ihm Waffen, dies geschieht zumeist indirekt. Das heißt: Militärisch ist der Krieg schon allein aus diesem Grunde nicht mehr zu gewinnen. Spenden an die Taliban aus dem muslimischen Ausland sowie hohe Gewinne aus Opiumanbau und -handel sind die übrigen beiden wichtigsten Finanzquellen der Taliban. Diese Finanzquellen funktionieren unabhängig von westlichen Einflussmöglichkeiten und reichen aus, um den Widerstand Afghanistans auf Jahre hinaus ausreichend zu unterstützen.

Folglich ist es unverzichtbar, so schnell wie möglich zu geordneten Verhältnissen zurückzukehren. Diese lassen sich nur gemeinsam mit dem Widerstand und allen anderen relevanten politischen Kräften in Afghanistan erreichen – und nur dann, wenn rechtzeitig gehandelt wird. Das heißt: innerhalb der kommenden fünf bis zehn Monate, bis Mitte/Ende 2010.

Die angestrebten geordneten Verhältnisse werden im Einklang mit den einschlägigen UN-Resolutionen, die den rechtlichen Rahmen für den Einsatz der Anti-Terror-Koalition bilden, wie folgt definiert:

> Friede im Innern und nach außen bei sicherem Exportstopp für terroristische Aktivitäten oder Akteure durch eine demokratisch legitimierte, souveräne, verantwortungsfähige und verantwortungsvolle Regierung.

Aus der historischen Erfahrung und den gegenwärtigen Interessen- und Kräfteverhältnissen ergibt sich, dass zum Erreichen dieses Ziels folgende Grundbedingungen erfüllt sein müssen:

1. Die Interventionsmächte verzichten auf hegemoniale, religiöse, soziale, wirtschaftliche und andere, durch obige Definition nicht gedeckte Zielvorgaben in Afghanistan.

2. Alle politisch relevanten Gruppen in Afghanistan müssen in den künftigen politischen Prozess in Afghanistan eingebunden werden; es gibt kein Parteiverbot.
3. Das in der Vergangenheit mittelbar oder unmittelbar in Afghanistan aktive Ausland ist in Form eines Beratungsgremiums, ähnlich der Fünfergruppe für Bosnien, im Rahmen einer Konferenz einzubinden. Der wichtigste Unterschied zu bisherigen internationalen Steuergremien müsste jedoch dringend und zwangsläufig darin bestehen, dass es hier nicht um ein Austarieren von Einflusswünschen geht, sondern um deren vollständige Eliminierung aus dem afghanischen Raum. Dabei könnten die Erfahrungen der „6+2-Gespräche" aus den Jahren vor dem 11. September 2001 genutzt werden. Teilnehmen müsste eine Gruppe von „5+3-Ländern" in- und außerhalb der Region: Iran, Pakistan, Turkmenistan, Usbekistan, Tadschikistan. Die drei übrigen sind die USA, China und Russland. Indiens Teilnahme würde automatisch den seit mehr als 60 Jahren schwelenden indisch-pakistanischen Konflikt um die Provinz Kaschmir in den ohnehin genügend komplizierten afghanischen Friedensprozess hineintragen und ihn damit vermutlich torpedieren.
4. Innerhalb dieses Rahmens wird die künftige Nichteinmischungspolitik der beteiligten Mächte bindend und mit nachzuhaltender Sanktionsmöglichkeit vertraglich festgelegt.
5. Für Afghanistan wird ein dreijähriger, vertrauensbildender Friedensprozess aufgelegt, der „Disengagement Plan" mit stufenweisen, zeitlich festgelegten Zielvorgaben und daran gekoppelter steigender Entwicklungshilfe bei gleichzeitig schrittweise sinkender internationaler Truppenpräsenz. Alle einbezogenen Truppen gehen nach radikal veränderter friedensorientierter Strategie vor.

Gesprächspartner von afghanischer Seite für diesen Plan müssen sein:
1. Regierung Karzai und beide Vizepräsidenten
2. Bewaffneter Widerstand aus Taliban und HIA (Hezb-i Islami Afghanistan)
3. Nordallianz mit Ahmad Zia Massoud, Abdullah Abdullah
4. Vertreter sozialer Gruppen: Bauern, Nomaden, Frauen etc.

Eine Kurzdefinition des hier vorgeschlagenen Friedensplans könnte lauten:

Mediationsgestützte, multilaterale und multinationale Befriedungsbemühung in einem dreistufigen Prozess.

1.3.1. Bundesregierung muss nicht mit Taliban verhandeln

Es ist absolut nicht notwendig – und auch nicht ratsam – dass eine Nato-Regierung offiziell mit den Taliban, HIA oder anderen Gruppen der bewaffneten Opposition verhandelt, um das dem Disengagement-Plan vorausgehende Pilotprojekt in einem begrenzten Gebiet umsetzungsreif zu machen.

Vielmehr ist für alle Beteiligten durchaus akzeptabel, dass die notwendigen Abstimmungen über das Procedere zuvor auf allseitig glaubwürdig legitimierter privater oder NGO-Basis erfolgen. Am Schluss, exakt kurz vor Beginn der Umsetzung des im Folgenden vorgestellten „Pilotprojekts", das dem Disengagement vorangestellt wird, um das ganze Verfahren in einem begrenzten Umfeld zu testen, muss dann allerdings eine Aktengrundlage geschaffen werden, um alle Beteiligten abzusichern. Auch hier gilt jedoch, dass der diplomatische Aufwand und der Rang der Zusicherungen nur so hoch wie nötig angesetzt werden. Allerdings sollten alle afghanischen Teilnehmer, Karzai, Mullah Omar, Hekmatyar, Fahim, Dostum sich schon im Pilotprojekt schriftlich verpflichten.

1.3.2. Zeitplan: mit Blick auf die Verhältnisse in den USA

Der Beginn der Umsetzung des Pilotprojekts wird absichtlich in die Zeit des US-Truppenaufbaus am Hindukusch und vor die kommenden US-Zwischenwahlen im Herbst gelegt, um sicherzustellen, dass die Chance auf positive Erfahrungen mit diesem neuen Vorgehen für die neue US-Administration unter Präsident Obama gewahrt bleibt. Hintergrund des engen Zeitrahmens sind außerdem die Erfahrung und Befürchtung, dass weiteres Abwarten zeigt, dass auch der neue Truppenaufbau binnen kurzem verpuffen wird und dann a) die Taliban bis zur vollendeten Niederlage der Nato vom Verhandlungstisch wegtreibt und b) auch die neue US-Regierung sich zu weiteren unklugen Schritten zunächst gezwungen sieht, um nicht als schwach und nachgiebig zu erscheinen.

1.3.3. Die Vorstellungen der Taliban

Nach Rücksprachen mit verschiedenen Quellen in- und außerhalb der Taliban lassen sich folgende Vorstellungen destillieren:[166]

1.3.3.1. Abzugsszenario

- Alle fremden Truppen ziehen innerhalb von insgesamt sechs Monaten nach Nationen geordnet ab: Alle US-Truppen ziehen sich binnen drei Monaten zurück, gefolgt von den Briten binnen einem weiteren Monat. Anschließend rücken australische und kanadische Truppen binnen einem Monat ab, schließlich alle übrigen Nationen im letzten Monat.
- Die Taliban werden keine Vertretung in Kabul eröffnen, solange US-Truppen in Afghanistan stehen.
- Alle Botschaften reduzieren ihr Personal bis auf höchstens 100 Mitarbeiter. Die US-Botschaft gibt ihr neues großes Areal zurück und behält ihre traditionellen Gebäude.

1.3.3.2. Gesellschaftliche Vorstellungen: Liberalisierung

Wie bizarr auch immer die Taliban-Regierung in den 90er Jahren gehandelt hat: Dies wird sich nicht wiederholen. Mädchen werden Schulen besuchen, Bartlängen sind ebenso frei wie Musikhören und andere private Aktivitäten. Burkas sind keine Pflicht, werden jedoch empfohlen.

1.3.3.3. Politische Vorstellungen: Keine Regierungsübernahme

Die Taliban streben nicht mehr nach Regierungsverantwortung oder persönlicher Macht ihrer Führungsmitglieder, weder auf nationaler noch auf Provinzebene. Die Taliban wollen eine Experten-Regierung, vor allem durch Führungskräfte, die eine islamische Ausbildung durchlaufen haben. Nur in den Ausnahmefällen, die für islamisches Regieren wichtig sind: Erziehung und Bildung sowie Justiz und Gerichtswesen – hier soll der Einfluss der Taliban stärker sein.

1.3.3.4. Einzelforderungen

- Die Zentralregierung wird künftig von der großen Stammesversammlung gebildet.
- Freie Wahlen werden nicht grundsätzlich ausgeschlossen.
- Es gilt Islamisches Recht (Scharia).
- Provinzregierungen werden von der Zentralregierung ernannt. Die frühere Aufteilung von Provinzen und Distrikten wird wieder hergestellt.
- Die Rückkehr aller Flüchtlinge ist willkommen. Die Taliban nehmen sich nicht das Recht, Afghanen die Rückkehr zu verweigern.

- Personen, die schwere Verbrechen begangen haben, sollten das Land für eine Weile verlassen, bis die Gefühle sich beruhigt haben. Rache für Mordtaten wird als verständlich angesehen. „Die Menschen werden wissen, ob sie bleiben sollten oder nicht."
- Frühere Spione sind nicht willkommen. Soldaten, Polizisten und Regierungsangestellte dürfen nicht bestraft werden, haben nichts zu befürchten und sind willkommen, im Land zu bleiben.
- Die Fortführung bereits begonnener Projekte der Entwicklungshilfe ist willkommen und richtet sich nach dem Islamischen Recht.

Diese Vorstellungen erscheinen nicht à priori völlig unvereinbar mit dem im Folgenden vorgestellten Friedensplan aus zwei Teilen: Pilotprojekt in fünf Provinzen und Disengagement-Plan.

Problematisch in den späteren Verhandlungen wird mit Sicherheit der frühzeitige Abzug aller US-Einheiten, weil dann deren Verbündeten die Luftwaffe fast völlig fehlt – in Afghanistan kann das verheerende Folgen haben.

2. Vorstellung: Pilotprojekt und Disengagement-Plan

Eine westliche Verhandlungsposition in Exit-Verhandlungen oder indirekten oder vertraulichen Gesprächen muss nachhaltige Übergänge schaffen, die Ruhe und Sicherheit möglichst breiter Bevölkerungskreise möglichst weitgehend sicherstellen, wenn nicht ein starker Rufverlust der Nato aus fluchtartigem Rückzug und nachfolgendem Gemetzel erwachsen soll.

2.1. Auswahl des Pilotgebietes

Den Einstieg in ein denkbares Szenario bildet ein Pilotprojekt, das in etwa fünf ausgewählten Provinzen mit nicht zu geringem Widerstandsaufkommen die grundsätzliche Bereitschaft und Fähigkeit aller Beteiligten für den gesamten Prozess beispielhaft und praktisch erprobt.

Aufgrund der spezifischen Situation im Rahmen von OEF- und ISAF-Funktionen ist vorzugsweise innerhalb des deutschen Verantwortungsbereichs in Afghanistan dieses geeignete Gebiet auszusuchen, wo das Pilotprojekt beginnen könnte. Denn es erscheint kaum denkbar, dass andere Nato-Staaten den vorliegenden Friedensplan anwenden, solange nicht einmal die eigene Regierung des Autors sich dazu entschließen konnte. Die hierfür infrage kommenden Provinzen sind (von West nach Ost): Faryab, Jawzjan, Balkh, Kundus, Baghlan. Jedoch ist der Friedensplan selbstverständlich auch in jeder anderen Region Afghanistans durchführbar. Dabei darf nicht mit ruhigeren Provinzen begonnen werden, sondern es muss bereits ein gewisses Mindestmaß an Widerstandsaktivitäten vorhanden sein, um nach Anlaufen des Pilotprojekts eine aussagekräftige Beruhigungswirkung nachweisen zu können. In Nordafghanistan, im deutschen Verantwortungsbereich, kann dies nur die Provinz Kundus sein. Diese ist charakterisiert durch:

- die relativ höchste Anzahl an Zwischenfällen in Nordafghanistan,
- ethnische Probleme zwischen Paschtunen (Kundus), Tadschiken, Usbeken,
- die Präsenz eines Drogenwarlords (Naseer Mohammad, Vertrauter des neuen Vizepräsidenten Fahim) in der Nähe mit Truppenstärke 3 – 10.000 Mann,
- ein hohes Aufkommen an Heroinexporten (Durchgangsgebiet).

2.2. Pilotprojekt: Grundlagen

1. Keine Aktionen oder Vorbereitungen von Aktionen durch den Widerstand.
2. Rückkehrrecht für alle Flüchtlinge.
3. Keine Aktionen/Repressionen durch staatliche Institutionen, Warlords oder Besatzungstruppen.
4. Sofortige kräftige Aufstockung der Entwicklungshilfe sowie eventuell deren strategische Ausrichtung/Neuordnung.[167]

2.3. Beauftragter für den Friedensplan

Ein Beauftragter für den Friedensplan muss das Projekt leiten, zunächst in den erwähnten fünf Provinzen. Er lebt und arbeitet dauerhaft in Afghanistan. Er führt seine Arbeit von einem eigenen Standort seiner Wahl aus, unter Bedingungen und mit Mitarbeitern, die er frei bestimmt, hierarchisch für alle Provinzen und Distrikte. Für örtliche Probleme oder besondere Fragen auf Provinzebene können zusätzlich feste Projektgruppen eingerichtet werden. Für die meisten anfallenden Projektarbeiten können zusätzliche Arbeitskräfte zugezogen werden. Beispiele für feste Projektgruppen: zwei mit Standort in der Stadt Kundus, je eine für politische und eine für interethnische Fragen. Drogenboss Naseer Mohammad zum Beispiel rangiert hier als politische Fragestellung.

Den Einstieg in das Pilotprojekt bilden wie angedeutet zahlreiche nicht-offizielle bilaterale Gespräche mit den Beteiligten aus der unten erläuterten Lederach-Pyramide (Level 1), in der alle anstehenden Probleme zu klären sind. Diese Vorphase muss finanziert werden – und das kann nur durch eine potente NGO geschehen, die bereits in der Vergangenheit hohe Regierungs-Zuwendungen erhalten hat. (Die GTZ kommt als zu regierungsnah eher nicht in Frage.)

Das wichtigste Arbeitsgremium ergibt sich aus den Beteiligten der Lederach-Pyramide, Level 2.

Das Pilotprojekt läuft ein Jahr lang in fünf Provinzen, danach münden alle Aktivitäten in den größeren Disengagement-Plan, der dann alle übrigen Provinzen Afghanistans mit erfasst. Jede der fünf Provinzen durchläuft dabei drei Entwicklungsstufen, die jeweils nur erreicht werden, solange der Frieden hält:

Jahr 1: Befriedung
Beginn der Rückkehr der Flüchtlinge; landesübliche Bewaffnung zur persönlichen Selbstverteidigung wird geduldet (und kontrolliert), Kampfvorbereitungen werden nicht geduldet; dreifach höhere Entwicklungshilfe; Ende jeglicher politischer Unterdrückung; Ende aller OEF/ISAF-Aktivitäten, solange der Widerstand den Frieden hält; Vermeidung von Provokationen, Start vertrauensbildender und Mediationsmaßnahmen.

2.4. Disengagement-Plan

Jahr 2: Demokratisierung
Wahlen zur Provinzregierung, schrittweiser Abzug fremder Truppen, Fortführung der begonnenen Aktivitäten. Jeglicher Beeinflussungsversuch für den Ausgang der Wahlen ist zu unterbinden. Dies ist besonders mit dem Widerstand eng abzustimmen.

Jahr 3: Souveränisierung
Vollendung des Truppenabzugs, Fortführung der begonnenen Aktivitäten.

Der gesamte Disengagement-Plan soll, soweit der Frieden hält, in zwei Stufen ganz Afghanistan erreichen:

Stufe 1 (1. Jahr): **fünf Pilotprovinzen** (Grundsätzlich kommen alle Provinzen dafür in Frage.)

Stufe 2 (2. + 3. Jahr): **Ausweitung auf ganz Afghanistan.**

Rein rechnerisch ergibt sich also, dass das Gesamtprojekt mindestens eine Laufzeit von drei Jahren erreicht, bis alle fremden Truppen vollständig abgezogen sind.

Eminent wichtig ist hierbei, dass das Militär in den Projektgebieten mit äußerster Zurückhaltung vorgeht, es nimmt hierbei eher eine Polizeirolle ein und könnte auch durch derartige Kräfte ersetzt werden, wenn die Ausrüstung „stimmt".

Kommt es zu ernsten militärischen Widerstandsaktivitäten, so wird der Prozess zunächst unterbrochen – wenn sie fortgeführt werden, können sie ihn aber auch beenden. Nato-Staaten und andere Mitglieder der Anti-Terror-Koalition verpflichten sich, den Prozess weder direkt noch indirekt, weder offen noch verdeckt zu: beeinflussen, stören, behindern, unterminieren, bremsen, verhindern.

Der gesamte Prozess wird gestützt durch anfänglich hohe Leistungen der Entwicklungshilfe, mindestens das Dreifache der jetzigen Leistungen zusätzlich, die in weiteren Fünfjahresplänen schrittweise auf das weltweit übliche Maß herabgesetzt werden können.

Afghanistan: Disengagement Plan

2009 — Zwei mehrstufige Prozesse geografisch und inhaltlich
*traditionelle afghanische Entscheidungswege und Verwaltungsformen!

Fortschritt	1. Jahr	2. Jahr	3. Jahr
Fünf Provinzen	Befriedung	Demokratisierung*	Souveränisierung
Rest Afghanistan		Befriedung	Demokratisierung*

2.5. Umfassende projektbegleitende Mediation

2.5.1. Grundlagen

Der Prozess wird begleitet durch umfangreiche Mediationsmaßnahmen, wie sie John Paul Lederach[168] vorschlägt, der als Soziologe, Mediator und Professor für „Peacebuilding"[169] international Erfahrungen mit diesem Ansatz gesammelt hat.

Der guten Ordnung halber muss gesagt werden, dass der Einsatz von Truppen oder eine gesteigerte Entwicklungshilfe im Verlauf des Prozesses nicht Lehrmeinung von Professor Lederach ist, sondern eine Adaptierung des Autors von Lederachs Konzept für die hochkomplexen afghanischen Verhältnisse darstellt. Der Einsatz von Finanzmitteln im Zusammenhang mit Mediation nach Lederach deckt sich mit der Lehrmeinung von Professor Dr. Norbert Ropers (Leiter des Berliner Berghof-Instituts).

Dem Mediationsansatz liegt die Definition von Professor Jacob Bercovitch[170] zugrunde, wonach Mediation

„ein Prozess des Konfliktmanagements [ist], bezogen auf, aber unterschieden von, den Verhandlungen der Parteien selbst, bei dem die Konfliktparteien die Unterstützung eines Außenstehenden suchen oder das Hilfsangebot eines Außenstehenden annehmen (sei er ein Einzelner, eine Organisation, eine Gruppe oder ein Staat), um ihre Wahrnehmungen oder ihr Verhalten zu verändern, ohne Zuflucht zu physischer Gewalt zu nehmen oder Justizorgane anzurufen."

Lederach zufolge muss in Afghanistan wegen der langen zeitlichen und sachlichen Vorgeschichte der aktuellen Konflikte das Modell der Konflikttransformation herangezogen werden. Der Begriff der *conflict transformation* beschreibt einen langfristig und ganzheitlich ausgerichteten Prozess, der sich nicht nur mit der Lösung einer akuten Krise begnügt, sondern (nach Curle) ebensoviel Zeit für die Konfliktbereinigung aufwendet, wie der Gesamtkonflikt schon andauert. Diese aufwendige Vorgehensweise ist allein geeignet, nachhaltige Erfolge sicherzustellen und enthält „broader social structures, change and moving toward a social space open for cooperation, for more just relationships and for nonviolent mechanisms for handling conflict, or what might be understood as dynamic and increasingly peaceful relationship."[171]

Der Einsetzung von Mediationsmaßnahmen in jeder Provinz, die am Disengagement-Plan teilnimmt, geht selbstverständlich ein Konfliktassessment voraus, aus dem Art und Umfang der begleitenden Mediationsmaßnahmen ersichtlich werden.

2.5.2. Das System Lederach

In der Personalpyramide nach Lederach sind an der Durchführung des Projekts in Kundus beteiligt:

1. im Spitzensegment mindestens folgende Ansprechpartner: Nato, Bundesrepublik Deutschland, Zentralregierung in Kabul, Taliban, HIA, Ex-Verteidigungsminister Fahim.
2. im Mittelsegment: deutsche Stellen vor Ort, Provinzregierung, regionale NGO-Chefs und weitere Notabeln, letztere jedoch nur teilweise im Rahmen der offiziellen Ratssitzung (Shura), PRT-Chefs.
3. im unteren Segment: Distriktchefs, lokale Stammesgrößen, NGO-Projektleiter, PRT-Zugführung.

Akteure	Wege zum Frieden
Level 1: Führungsspitze militärische/politische/religiöse Führer mit hoher Sichtbarkeit	Verhandlungen auf höchster Ebene Zielsetzung Waffenstillstand geführt von einem einzelnen, hoch sichtbaren Vermittler
Level 2: mittlere Führungsebene in Teilbereichen respektierte Führer ethnische/religiöse Führer Akademiker/Intellektuelle humanitäre Führer (NGOs)	Workshops zur Problemlösung Ausbildung in Konfliktlösung Friedenskommissionen teilweise mit Insidern besetzte Teams
Level 3: Basisebene lokale Führer Führer einheimischer NGOs Förderer der Gemeinde Mitarbeiter lokaler Gesundheitsdienste Leiter von Flüchtlingslagern	lokale Friedenskommissionen Ausbildung der Basis Abbau von Vorurteilen psychosoziale Arbeit mit Kriegstraumata

betroffene Bevölkerung

2.5.2.1. Strukturelle Ebene

Ausgehend von Dugans Konflikttheorie[172] entwickelt Lederach sein Modell in Bezug auf den Aufbau eines Mediationsansatzes weiter. Dabei unterscheidet er die vier Ebenen Konfliktgegenstand, Beziehung, Subsystem und System.

Unter dem *Konfliktgegenstand* („issue") versteht Lederach den unmittelbaren Streitpunkt, an dem sich der Konflikt entzündet hat. Das könnte zum Beispiel ein ungeklärtes Grundstücksproblem in der Stadt Kundus sein, bei dem ein paschtunischer Interessent auf einen Konkurrenten tadschikischer Herkunft trifft, der das Haus in Besitz genommen hat. Der ständige Streit vor dem Haus hat schon zu Ausschreitungen der örtlichen Paschtunen-Mehrheit gegen tadschikische Einrichtungen geführt. Ein auf dieser Ebene ansetzender Vermittlungsversuch würde vielleicht ein Moratorium vereinbaren, das beide Rechtspositionen zunächst nicht antastet und Zeit für eine sachgerechte Klärung schafft.

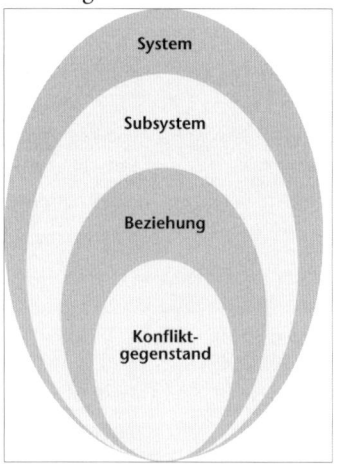

Auf der Beziehungsebene (relationship) würde die generelle Beziehung zwischen Paschtunen und Tadschiken analysiert und das Projektteam angesetzt, das mit geeigneten Maßnahmen Vorurteile vermindern und gegenseitige Aufklärung erarbeiten kann, um den Konflikt zu entschärfen.

Auf Systemebene (system) werden strukturelle Ursachen untersucht, die das Verhältnis zwischen Paschtunen und Tadschiken belasten können, zum Beispiel eine subtile wirtschaftliche oder politische Bevorteilung der einen Gruppe durch das bestehende System. Ein Ansatz auf dieser Ebene würde versuchen, diese Widersprüche aufzulösen, könnte den unmittelbaren Konfliktgegenstand und das daraus erwachsende Gewaltpotenzial aber nicht entschärfen.

Zu diesem Zweck führt Dugan die Ebene des *Subsystems* ein, das systemische Ursachen und den unmittelbaren Konfliktgegenstand gleichermaßen angeht. In unserem Beispiel könnte dies eine Begegnungswoche der Volksgruppen sein, in der Akteure von Begegnungsprojekten mit Arbeitsplätzen in gemeinsamen interethnischen Projekten belohnt werden. Abgerundet wird das Programm mit ethnisch interaktiven Begegnungen, bei denen Akteure vor Publikum in die Rolle der jeweils anderen Ethnie schlüpfen.

Wie im Abschnitt zu den Akteuren wird auch im Hinblick auf den strukturellen Aspekt die Wichtigkeit aller Ebenen betont, doch identifiziert Lederach auch hier die besondere Bedeutung des Ansatzes am Mittelbau, also der Beziehungs- und Subsystemebene, die in ihrer Brückenfunktion den größten Beitrag zu einer friedenserhaltenden Infrastruktur leisten kann.

2.5.2.2. Zeitachse

Ohne hier tiefer in die Mediationstheorie einsteigen zu können, muss doch auch aus der Sicht von Lederach die Langwierigkeit der Konflikttransformation in Betracht gezogen werden; nicht nur der Leser, sondern am Ende auch der Steuerzahler verlangt nach ehrlicher Information (Zeitachse nach Curle).[173]

- **Krisenintervention: 6 Monate:** Pilotprojekt in Kundus.
- **Vorbereitung und Ausbildung: 1 bis 2 Jahre** für intervenierende Akteure.

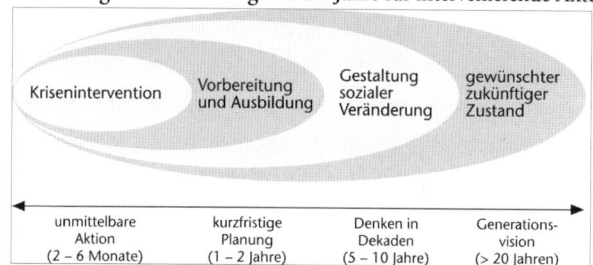

- **Aktionsrahmen: 5 bis 10 Jahre:** Akteure mit persönlicher Erinnerung an die Krise erarbeiten Grundlagen und Mechanismen für Konflikttransformation.

- **Gewünschter Zustand: 20 Jahre:** Visionäres Programm für tiefgreifende Veränderungen auf struktureller und systemischer Ebene, erreichbar durch neue Generation.

2.5.2.3. Gesamtrahmen

Eine kurzfristige Perspektive kann also eine zukunftsfähige Transformation eines Konfliktes zwar beginnen, muss aber in längerfristige Überlegungen und Vorgehensweisen integriert werden. Lederach entwickelt daher sein *comprehensive framework,* welches beide Perspektiven gleichermaßen berücksichtigt. Wichtig ist für ihn nicht nur, wie man einen Friedensprozess initiiert, sondern auch, wie man ihn aufrechterhält.[174] Dieser integrative Ansatz benötigt auch einen entsprechenden Zeitrahmen, welcher beim peacekeeping beachtet werden muss. Daher ist es bei einer Vermittlung/Mediation wichtig „[...] die Fähigkeit zu entwickeln, die Abläufe der gewünschten sozialen Veränderung zu denken."[175]

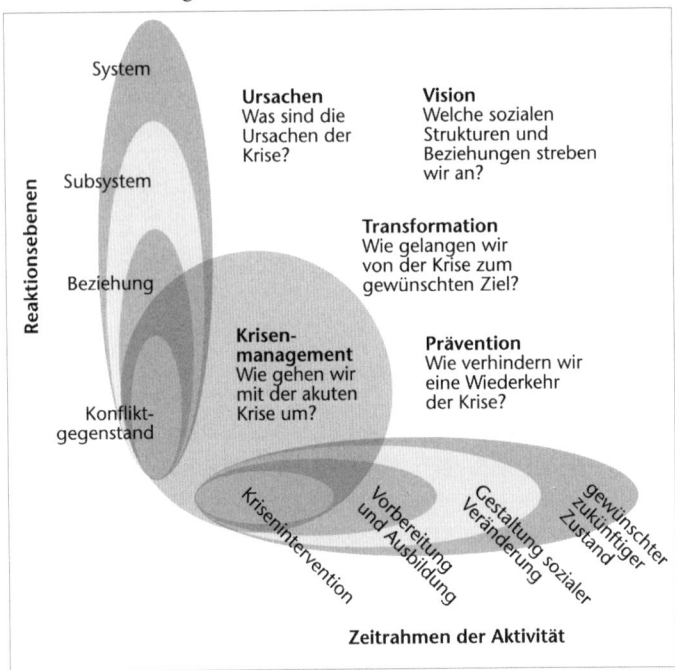

Die oben abgebildete Graphik zeigt, auf welchen Ebenen die verschiedenen Aktivitäten greifen, wobei der Kreis den Wirkungsbereich des Pilotprojekts für den Frieden im System Lederach markiert. Im Endeffekt umfasst der Wirkungsbereich des Friedensplans schließlich das komplette System Lederach.

Selbstverständlich kann diese Kurzvorstellung eines Mediationssystems nicht ein ausformuliertes Konzept ersetzen, das vor allem die detaillierte Anwendung auf die Fälle „Kundus – 12 weitere Provinzen – Afghanistan" enthalten müsste. Für den Moment ist nur wichtig: Es gibt genügend Kompetenz, Personal und guten Willen auf der Welt, um unter Beachtung afghanischer Eigenheiten und unter maßgeblicher Beteiligung afghanischer Fachkräfte eine erfolgreiche Mediationslösung mit einer begeisternden Aufbauleistung der Pilotprovinz und der weiteren Friedensplan-Provinzen zu verbinden.

3. Strategisierung der Entwicklungshilfe

Diese Aufbauleistung gliedert sich in vier Stufen, in denen die Gesamtleistung der Entwicklungshilfe provinzweise in einen zu schaffenden Planungsrahmen einzugliedern ist:
1. Die Provinzregierung legt in demokratischer Weise strategische Ziele für die Entwicklung der Provinz fest und benennt die passenden Projekte. Dabei orientiert sich die beteiligte Provinzregierung an den geltenden internationalen Konzepten und Strategien zur Entwicklung Afghanistans.
2. Die vorgeschlagenen Projekte werden mit höchster Priorität mit der Zentralregierung abgestimmt und die notwendigen Finanzmittel zur Verfügung gestellt.
3. Die Zustimmung der lokalen Bevölkerung wird in eigens abzuhaltenden Shuras (= Ratssitzungen) eingeholt. Um die Akzeptanz möglichst hoch zu halten, empfiehlt sich ein vertrauens- und verständnisbildendes Vorgehen mit allen Beteiligten im Vorfeld der Ratsversammlung.
4. Der Beschluss der lokalen Shura wird an Provinz- und Zentralregierung weitergeleitet und dort, wo ein Übereinkommen zustande gekommen ist, wird das Projekt durch die üblichen Implementierungspartner umgesetzt.

Die Strategisierung der Gesamt-Entwicklungsplanung einer Provinz wurde durch Hörstel im Oktober 2002 im Auftrag des zuständigen Provinzgouverneurs Haji Din Mohammad in der Provinz Nangarhar durchgeführt. Dazu wurde der Rahmen einer viertägigen „Strategic Fact Finding Session" im Beisein des gesamten Provinzkabinetts gewählt. Am letzten Tag wurden die Ergebnisse einstimmig verabschiedet. Vertreter der UNAMA, von CIMIC, PRT und NGOs waren ebenso anwesend wie der Gouverneur selbst.

In der Folge sagten die mit dem Programm konfrontierten Botschaften von 15 Ländern in Kabul spontan US$ 20 Millionen zusätzlicher Aufbauhilfe zu. Trotz vielfältiger Vorstöße wollte jedoch keine Institution das Programm auch für andere afghanische Provinzen adoptieren oder zumindest in veränderter Form anwenden. Entwicklungshilfe am Hindukusch blieb das heillose Durcheinander, das es bis heute ist.

4. Die Provinz Kundus[176]

Mit Beschluss vom 13. Oktober 2003 verlängerte der Weltsicherheitsrat das ISAF-Mandat und erweiterte gleichzeitig, dessen Geltungsbereich über die afghanische Hauptstadt Kabul hinaus. Wenige Tage später beschloss der Deutsche Bundestag entsprechend ebenfalls die Ausweitung des Mandats für den Einsatz der Bundeswehr. Damit legte das Parlament die Grundlage für die Entsendung von bis zu 450 deutschen Soldaten in die nordafghanische Provinz Kundus, um den wirtschaftlichen, politischen und sozialen Wiederaufbauprozess zu unterstützen.

4.1. Geographie, Bevölkerung und Geschichte

Die nordöstliche Provinz Kundus grenzt im Norden an Tadschikistan. Sie teilt sich auf einer Fläche von rund 8.000 km^2 in sieben Distrikte, von denen einer Kundus heißt, wo die Provinzhauptstadt gleichen Namens liegt. Die Einwohnerzahl beträgt etwa 800.000, zehn Prozent davon leben in der Provinzhauptstadt.[177] Die ethnische Aufteilung zeigt eine wichtige Anomalie: Inmitten einer Mehrheit von Tadschiken und Usbeken wird die Stadt Kundus mehrheitlich von Paschtunen beherrscht, die Stadt gilt als bedeutendste paschtunische Exklave in Nord-Afghanistan, wo die Paschtunen eine verfolgte Minderheit darstellen.[178]

Seit ihrer Gründung im Jahr 1964 behielt die Provinz Kundus im Laufe der Jahrzehnte ihren Namen und ihre Ausdehnung, während es bei anderen Provinzen immer wieder zu Änderungen kam, in der Ausdehnung, der Distriktaufteilung oder beim Namen.

Im Laufe der Geschichte war Kundus, ebenso wie der gesamte Rest des Landes immer wieder Schauplatz kriegerischer Auseinandersetzungen, sowohl zwischen afghanischen Mudschahedin und der Sowjetunion als auch zwischen widerstreitenden Stämmen und Volksgruppen. In der Stadt Kundus hatten die Taliban aufgrund des großen paschtunischen Bevölkerungsanteiles einen ihrer Hauptstützpunkte in Nordafghanistan eingerichtet, das als Einflussgebiet der *Nationalen Islamischen Einheitsfront zur Befreiung Afghanistans* (bekannt als *Nordallianz*) gilt.[179] Auch HIA-Chef Hekmatyar stammt aus Kundus. Unter diesen Umständen war es keine Überraschung, dass Kundus erst im November 2001 dem Ansturm der Nordallianz erlag. Der verbissene Kampf um Kundus hinterließ allerdings auch Spuren, vor allem durch Luftangriffe, bei denen offenbar auch Uranwaffen zur Anwendung kamen.

4.2. Infrastruktur und ökonomische Faktoren

US-Bombardements zerstörten 2001 vor allem die soziale Infrastruktur, wie Schulen, Brücken, Gemeindewege, Trinkwasseranlagen, Sanitäreinrichtungen etc.. Deren Erneuerung sowie Straßenbau gehören deshalb zu den vordringlichen Aufgaben des Wiederaufbaus. Während die Stadt Kundus mit Elektrizität aus Tadschikistan beliefert wird, fehlt in weiten Teilen der restlichen Provinz die Stromversorgung jedoch vollständig.

Kundus verfügt über einen Flughafen, der trotz fortdauernder Schäden genutzt wird.[180] Ein weiteres Problem, das sich infolge der amerikanischen Bombenangriffe stellt, ist eine teilweise Kontaminierung der Region durch Uran aus US-Waffen. So zeigen Analysen der Urinproben von Menschen, die in der Nähe leben, Uran-Konzentrationen, die das 4-20fache des Normalwertes betragen. Dies führt zu neuen Krankheitsbildern ebenso wie zu Missbildung von Neugeborenen.

Die Provinz lebt vor allem von Landwirtschaft, wichtigste Erträge sind Baumwolle, Reis, Weizen und Melonen auf kleinteiligen Anbauflächen. Opiummohn entwickelt sich zu einem wichtigen Wirtschaftsfaktor; wenngleich im Gegensatz zu anderen Provinzen in der Region relativ wenig Opium angebaut wird, so ist doch in den letzten Jahren ein Anstieg des Anbaus und vor allem des Handels zu verzeichnen, da die wichtigste Handelsstraße, insbesondere aus der östlich gelegenen Provinz Badakhshan, durch Kundus führt.

4.3. Unsicherheitsfaktoren

Bis 2005 galt die Provinz Kundus als relativ sicher, allerdings bezeichnete schon Oberst Patzki, bis August 2006 Kommandeur des Provincial Reconstruction Teams (PRT) in Kundus die Lage als „angespannt und nicht stabil".[181] Dies lässt sich vor allen Dingen durch die weiterhin schwache Struktur der Regierungsverwaltung sowie der nationalen Sicherheitskräfte (Polizei/ANA) erklären. Rechtsunsicherheit und korrupte Gerichtsbarkeit finden sich in Kundus ebenso wie im Rest des Landes.

Die Provinz gilt zwar als loyal gegenüber der Zentralregierung von Hamid Karzai, allerdings hat die Regierung dort kaum Einfluss. Als eigentlicher regionaler Machthaber gilt seit 2002 der Tadschike Fahim, der als mächtigste Persönlichkeit innerhalb der Nordallianz (Nachfolger des als „Löwe von Pandschir" bei uns bekannt gewordenen Ahmad Shah Massoud) nach Ende des Krieges zum zweitstärksten Mann in der Übergangsregierung aufstieg, eine Position, die er in diesem Jahr auch wieder einnahm. Bis zu den Wahlen 2004 bekleidete Fahim sowohl das Amt des Verteidigungsministers wie auch das des Vizepräsidenten. Ab 2006 war er nur mehr offizieller Berater der Zentralregierung, galt jedoch stets als zweit- oder drittgrößter Drogenwarlord des Landes.[182] Es muss als sicher angenommen werden, dass Fahim diese Stellung nicht ohne Duldung durch die USA erlangen oder erhalten konnte. Inzwischen ist außerdem bekannt, dass Fahim nicht nur wertvolle Immobilien in Kabul und anderen Städten Afghanistans besitzt, sondern auch in London. Fahim unterhält eine eigene Miliz von 5.000 bis 13.000 Mann (je nach Quelle)[183] in den nordöstlichen Regionen, geführt von seinem „General" Muhammad Daud, mit Hauptquartier in der Stadt Kundus.

Seliger spricht in seinem Beitrag vom „Stabilitätsfaktor Daud",[184] da das Errichten eines funktionierenden Sicherheitsnetzes nicht ohne eine Kooperation mit dem General möglich scheint. Diese tadschikische Miliz birgt allerdings die Gefahr, dass sie insbesondere auch dazu dient, die Paschtunen in Kundus sowie die Usbeken im Umland zu kontrollieren. So wurden seit Anfang 2002 bereits mehrere tausend Paschtunen durch tadschikische Milizen aus der Region vertrieben.

Auch schwelt ein Konflikt des tadschikischen General Daud mit dem usbekischen General Dostum, der seit Jahrzehnten die mehrheitlich tadschikische Stadt Mazar-i-Sharif beherrscht. Da das Umland von Kundus traditionell zum Einflussgebiet des Usbekenführers gehörte, kam es immer wieder zu Gebietskämpfen. Dieser usbekisch-tadschikische Machtkampf um Mazar-i-Sharif und Kundus kann als regionaler Hauptkonflikt betrachtet werden.[185] Zwar läuft seit 2003 ein Entwaffnungsprogramm der Vereinten Nationen in der Region, welches versucht, die Milizionäre zu demobilisieren oder in die neue afghanische Armee (ANA) zu integrieren. Doch liegen die Erfolge aus bekannten Gründen nahe Null.

Ein weiterer Unsicherheitsfaktor, verbunden mit dem Problem der Milizen, ist der Opiumhandel. Wie bereits erwähnt, handelt es sich bei Kundus nicht um eines der Hauptanbaugebiete Afghanistans. Allerdings wird Fahim und Daud nachgesagt, ihre Milizionäre mit Hilfe von Drogengeldern zu finanzieren, zum einen durch den Handel der durch Kundus läuft, zum anderen durch den Anbau in der Provinz Badakhshan, welche ebenfalls zu ihrem Einflussgebiet zählt. Ein Vorgehen gegen Anbau und Handel ist daher fast unmöglich, da diese die Grundlage für den Einfluss der Warlords darstellen. Eine Kooperation mit diesen aber scheint für die Aufrechterhaltung der Sicherheit von großer Notwendigkeit. Seliger stellt hierzu fest: „Zynisch könnte man sagen, solange die Bundeswehr den Drogenhandel nicht bekämpft, ist sie in Kundus wohlbehütet."[186] Mit ähnlichen Einschätzungen lässt sich hinter vorgehaltener Hand die deutsche Generalität vernehmen. Bedrohungen durch die Taliban wurden daher im Mai 2007 nach dem schweren Attentat, das drei deutsche Todesopfern forderte, mit den Worten kommentiert: „Das kann sich Fahim nicht leisten."

Nach starker Zunahme der Taliban-Aktivitäten in Kundus 2008, mussten deutsche und andere Koalitionstruppen 2009 zu monatelangen Kampfaktionen ausrücken. Das Bombardement vom 4. September ist nur eines von mehreren mit hohem Zivilanteil unter den Toten. Die Lage erscheint stark angespannt und ist, ohne ein grundsätzliches Umsteuern wie oben geschildert, nur unter hohem Einsatz von Truppen, Material und Bargeld noch kurzfristig haltbar.

5. FAQs, Probleme, Reaktionen

5.1. FAQs

Erste Reaktionen auf diesen Plan sind häufig Fragen, vor allem folgende:

1. Kann man den Taliban trauen?

Wenn man der islamischen Bewegung nicht trauen könnte, wäre der Autor längst tot – und mit ihm eine Reihe Aufbauhelfer aus verschiedensten Ländern, die mit den Taliban gut auskommen.

2. Halten sich alle *Widerständler an die Abmachungen?*

Die größte Widerstandsgruppe sind die Taliban. Sie denken und handeln nicht einheitlich, aber der „großen Linie" wird gefolgt, Taliban sind grundsätzlich verlässlich. Diese „große Linie" gibt Mullah Omar nach einer Sitzung des Führungsrates („Rahbari Shura") vor.

3. Ist Kundus nicht zu groß und vielfältig für ein Probeprojekt?

Wenn bereits zu Beginn Kundus als zu große Einheit erscheint, wird es nicht gelingen, politische Entscheidungsträger von der geplanten Ausweitung auf ganz Afghanistan zu überzeugen. Kleinere Einheiten als eine ganze Provinz bieten keine ausreichende Grundlage für einen aussagefähigen Test des Verfahrens.

4. Haben regionale Friedensschlüsse eine echte Chance?

Dieser öfter erscheinende Einwand hebt auf frühere Erfahrungen in anderen Regionen (vor allem: Musa Qala, Provinz Helmand und Nord-Waziristan, NWFP, Pakistan) ab. Hierzu ist anzumerken: Jeder Dorfchor übt erst in den einzelnen Stimmen, bevor das ganze Ensemble antritt. Das Risiko, dass bei einer nationalen Einigung ernste Schwierigkeiten auftauchen, ist viel zu groß (siehe oben, Frage 3.). Wir brauchen beiderseits vertrauensbildende Maßnahmen. Diese Position wird vom Pilotprojekt Kundus ausgefüllt.

5.2. Probleme des Gesamtplans

Schwächen des Vorschlags müssen ebenfalls benannt werden:
1. Der Projektbeginn in einer Provinz ist verloren, wenn nicht rasch weitere Fortschritte erzielt werden können.
2. Der Wille zur Transformation wird hier vorausgesetzt, ist jedoch tatsächlich derzeit nicht einmal bei allen nationalen Akteuren vorhanden (Drogenprofiteure!), geschweige denn bei der Nato.
3. Wegen der immensen Profite kann das Opium-Problem erst im zweiten Jahr des dreijährigen Programms („Demokratisierung") gelöst werden, wenn Aufbau- und Entwicklungshilfe örtlich genügend fortgeschritten sind, um Notlagen vermeiden zu können.
4. Aus diesen zugegebenermaßen gewichtigen Gründen das Pilotprojekt und den Disengagement Plan gar nicht erst umzusetzen, kann allerdings weit schwerer wiegende Nachteile mit sich bringen.

5.2.1. Lederachs Ansatz in der Provinz Kundus

Nach Darstellung der Gegebenheiten und Lage der Situation in der Provinz Kundus stellt sich die Frage, inwieweit die vorgestellten Aspekte der Theorie Lederachs in positiver Weise zum Friedensaufbau dieser Provinz beitragen könnten.

Neben zahlreichen Interventionen, Stellvertreterkriegen und militärischen Aktionen externer Akteure in Afghanistan und somit auch in der Provinz Kundus, ist die Provinz hauptsächlich geprägt durch seit Jahrzehnten andauernde Konflikte zwischen den verschiedenen Stämmen und Volksgruppen, mit dem Hauptkonflikt zwischen den usbekischen und tadschikischen Bevölkerungsteilen. Aber auch die Taliban stellen ein wachsendes Problem dar, überwiegend in der mehrheitlich paschtunischen Stadt Kundus. Gegen die Taliban hatten vor allem Usbeken und Tadschiken gemeinsam in der Nordallianz gekämpft.

Die Wurzeln all dieser Konflikte müssen klar identifiziert werden und soziale Strukturen begründet und/oder gefestigt werden, die geeignet und in der Lage sind, diese Differenzen schrittweise zu überwinden.

Insbesondere das Problem des Opiumanbaus und -handels wird durch den Lederach-Ansatz nicht zu lösen sein. Aufgrund der immer noch exorbitant hohen Gewinne, die bei den Warlords verbleiben – und das gute Auskommen, das auch das beteiligte „Fußvolk" verdienen kann, ist nicht anzunehmen, dass die Bevölkerung sich für eine Beendigung des Anbaus entscheidet. Dies gilt also für Mitglieder auf allen Ebenen der Bevölkerung, da alle an dem Geschäft verdienen. Hier werden nur entwicklungspolitische Hilfe[187] und/oder finanzielle Anreize im Zusammenwirken mit harten Strafen und einer radikalen Änderung unserer destruktiven Geheimdienst-Praxis zu einer möglichen Lösung führen. Denn, wie Präsident Karzai im *Spiegel*-Interview[188] ausführte – und die weltweit besten Experten von Buchautor Ahmed Rashid bis Professor Barnett Rubin (New York University, Ex-Berater u. a. von Kofi Annan) bestätigen: Es sind die Länder der Truppensteller, deren Politik zum Wachstum des Opium-Anbaus und -handels und zum Erstarken der Drogenwarlords geführt hat. Der Hintergrund macht das verständlich: Drogenwarlords mit ihren gut bezahlten und kampfstarken Milizen boten ortsunkundigen Nato-Verbänden lange Zeit guten Schutz vor Attacken der Taliban. Damit ist es jetzt jedoch zuallermeist vorbei: Die Taliban sind zu stark geworden, nicht zuletzt wegen der unglaubwürdigen Aufbau-Politik der Nato und der hemmungslosen Korruption der Warlords.

5.2.2. Kurzfristige und längerfristige Perspektiven

Konkret bedeutet dies, dass eine Lösung akuter Probleme einhergehen muss mit einer längerfristigen Planung zur sozialen Veränderung des Beziehungssystems der relevanten Bevölkerungsgruppen und Stämme in der Provinz Kundus. Ohne stark gesteigerte internationale Aufbauhilfe ist das nicht denkbar. Kurzfristig müssen die Leistungen vor allem die zerstörte soziale Infrastruktur wieder herstellen, den Zugang zu öffentlichen und privaten Dienstleistungen und somit die Lebensbedingungen insgesamt deutlich fühlbar verbessern. Bei der Implementierung entsprechender Projekte sollten gleich die längerfristigen Perspektiven mit in Betracht gezogen werden. Dies bedeutet beispielsweise bei Projekten darauf zu achten, dass diese stets ethnisch ausgewogen sind und somit einen Beitrag zur Vertrauensbildung und zur lokalen Stabilisierung leisten können.

5.2.3. Infrastruktur und *constituency* des Friedens

Vertrauensbildende Maßnahmen zwischen verfeindeten Gruppen müssen alle Ebenen (top leadership, middle range, grassroots) der betroffenen Bevölkerung in den Prozess einbeziehen.[189] Warlords wie die Generäle Fahim, Daud und Dostum müssen unter vorsichtigem internationalem Druck überzeugt werden, friedlich miteinander zu leben und dies auch öffentlich offiziell zu erklären. Psychologische Arbeit zur Aufarbeitung von Kriegstraumata können hier hilfreich sein, aber auch Workshops zur friedlichen Lösung von Konflikten, welche Lederach besonders für die zweite Ebene (middle range leaders) empfiehlt.

Als wichtigster Aspekt für den Aufbau eines anhaltenden Friedens sei hier aber das von Lederach beschriebene *indigenous empowerment* hervorgehoben. Die aktive Einbeziehung aller Ebenen der Bevölkerung unter Verwendung ortsüblicher Strukturen erscheint gerade in einer afghanischen Provinz wie Kundus von größter Bedeutung. Gemeint sind hier insbesondere die Shuren (= Ratssitzungen), die in Afghanistan traditionelle und anerkannte Form, um Entscheidungen zu fällen und Konflikte zu regeln. Der Rückgriff auf diese Ressource vor Ort kann nicht nur zur Lösung von akuten Konflikten genutzt werden, sondern auch zur Identifizierung dringender Anliegen. Die Nutzung von Shuren erscheint als wirksames Mittel zur Stärkung der Eigenverantwortung der Konfliktparteien im Friedensaufbau, was die Chancen auf einen nachhaltigen Frieden erhöht. Anerkannte Shuren können nicht nur die lokale Verwaltung stärken, sondern auch Rechtssicherheit und Gerichtsbarkeit. Erst in späteren Stadien dieses Plans können die schwachen nationalen Sicherheitskräfte (Polizei/ANA) die große Aufgabe einer Integration ehemaliger Milizen überhaupt leisten. Beachtet werden muss hier allerdings die ausgewogene ethnische Zusammensetzung.

5.3. Politische Reaktionen auf den Friedensplan

Wichtig waren für die Arbeit am Pilotprojekt für den Frieden und dem darauf aufbauenden „Disengagement-Plan" die Begegnungen im Herbst 2006 mit Ministerassistenten und anderen Chargen in folgenden Kabuler Ministerien: Äußeres, Verteidigung, Finanzen und Landwirtschaft (letzteres wegen des hohen Bauernanteils in der Bevölkerung und der Notwendigkeit, eine strategisch neu ausgerichtete Entwicklungshilfe hier einzusetzen) sowie im Präsidialamt. Alle Reaktionen waren eindeutig positiv. Am schwierigsten verlief damals noch das Treffen mit dem damaligen stellvertretenden Finanzminister Shahrani, doch gab es auch hier keine grundsätzliche Ablehnung.

Die grundsätzlich positive Haltung Hekmatyars zu Hörstels Planungen, wie Ende 2006 schriftlich und videoabgesichert übermittelt, markiert einen Wendepunkt. Mitte Dezember signalisierte der offizielle Verhandlungspartner des afghanischen Präsidenten Karzai von Seiten der Taliban Hörstel im persönlichen Gespräch die Zustimmung. Mitte Januar 2008 sprach sich eine große Versammlung von Exil-Afghanen in Hamburg im Beisein zweier Bundestagsabgeordneter, die Hörstel im Auftrag der Exil-Afghanen eingeladen hatte, für Hörstels Plan aus. Der von Hörstel mit beratene Vorschlag der „Gruppe Zion" auf dem Sonderparteitag der Grünen im Sommer 2008 war überaus erfolgreich.

In der politischen Mitte und in der Parlamentarischen Linken der SPD-Bundestagsfraktion wächst der Unterstützerkreis. Wir dürfen gespannt sein, wann Bundesregierung und bundesweite Medien ihre Zurückhaltung aufgeben. Die jüngste Einlassung des jungen Bundesverteidigungsministers Guttenberg, man müsse mit „gemäßigten Taliban" sprechen, lässt hoffen. Just den gleichen Vorschlag hatte auch der damalige SPD-Chef Beck zur größten Entrüstung vieler schon 2008 geäußert – aber nicht nur wer zu spät kommt, wird vom Leben bestraft...

Nun ist zu den „gemäßigten Taliban" fachlich anzumerken, dass sie eine politische Chimäre sind: Wer von der politischen Linie der Taliban-Führung unter Mullah Omar im pakistanischen Quetta zu stark abweicht, wird „gefeuert": entweder per Kugel im Kopf oder aus der Mitgliederliste. Den Rausschmiss erlebte auch das in Kabul als „gemäßigt" geltende Duo des ehemaligen Taliban-Außenministers Ahmed Wakil Mutawakil und seines weltweit berühmten früheren Botschafters in Islamabad (Pakistan), Mullah Abdusalam Zaeef, letzterer hat vier Jahre in Guantánamo hinter sich. Mit beiden sprechen täglich Botschafter, Militärs und Regierungsangehörige aus aller Welt (nur nicht deutsche, Stand: Mai 2009). Sie tun alles, um nach bestem Wissen und Gewissen die Position ihrer politischen Brüder zu erläutern, doch reguläre (in)offizielle Verhandlungen mit den tatsächlichen Taliban ersetzen – das können sie nicht.

WIE FUNKTIONIERT TERRORMANAGEMENT?

Nahezu sämtliche organisierten Träger des Widerstandes in Afghanistan und Pakistan haben Ansprechpartner im pakistanischen Sicherheitsapparat, der hauptsächlich durch die Institutionen IB („Intelligence Bureau") und ISI („Inter Services Intelligence") repräsentiert ist. Es mag in Einzelfällen Sonderberichterstattung und -führung über andere Büros geben – doch das ist für die große Masse des Widerstandes, soweit er von der Islamischen Bewegung ausgeht, unerheblich.

Hier spätestens wird sich jeder normale Leser fragen, wie das angehen kann: Moment mal, ich lese doch täglich, dass die pakistanischen Dienste den Terror bekämpfen oder zumindest eindämmen sollen – und dies in enger Abstimmung mit den Amerikanern, die genau deswegen erheblichen politischen Druck auf alle möglichen Institutionen in Pakistan, vor allem auf die Regierung und den Präsidenten, ausüben. Das ist jedoch nur die offizielle Version, Terrormanagement ist vor allem eine Propaganda-Anstrengung. Wenn wir die offizielle Version des von US-Präsident Bush so getauften „Antiterrorkrieges" nicht mehr glauben, wird man uns beiseite nehmen und uns die zweite Variante auftischen: sozusagen Lügen für Fortgeschrittene. Und so könnte diese „propagandapolitische Rückfallposition" aussehen:

Beginnen wir ganz banal mit den Grundlagen des nachrichtendienstlichen Geschäfts: Es ist unmöglich, eine Widerstands-/Terrorbewegung zu zerstören, ohne dort Agenten zu postieren. Das ist im weltweiten Drogengeschäft nicht anders als bei „Al-Qaeda" oder eben der Islamischen Bewegung. Also muss es Personal geben, das zwischen den Apparaten, also zwischen den verfolgenden Behörden und den Tätergruppen pendeln kann.

Wenn also mit den pakistanischen Taliban verhandelt wird, geht es auch darum, friedensbereite Kräfte in dieser Gruppe zu stärken. Soweit eine denkbare, halboffizielle Version. Doch die Realität ist eine andere.

Die Interessenlage der USA

Wir müssen uns darüber klar sein, dass am Hindukusch, in Zentralasien, mitten zwischen Iran und China, die Feststellung „mission accomplished" eine Art Horrorvorstellung für amerikanische Interessenvertreter darstellt: Denn in diesem Fall müssten die USA ihre Truppen zurückziehen. Und dann macht Asien sich sozusagen „selbstständig". Der Iran stellt seine Energierohstoffe chinesischen Abnehmern zur Verfügung, abgerechnet werden diese bereits heute nur noch zu 40% in US-Dollars – und dann haben die USA tatsächlich Macht und Einfluss verloren. Weil derzeit jedoch die Militärdoktrinen und außenpolitischen Weichenstellungen auf „Beherrschung" der Rohstoffströme und -börsen abzielt, erscheint das in der Nato nicht als hinnehmbar. Mein Unterrichtsstoff bei ausgewählten Führungskräften unserer Bundeswehr-ISAF-Truppe lautete deshalb: Die USA wollen in Zentralasien Iran einkreisen, China und Russland eindämmen, lukrative Wirtschaftspositionen entwickeln und selbst bestimmen, welche Wege die Islamische Bewegung geht.

Schließlich lässt sich mit dieser ideologisch gefestigten und gewaltbereiten Truppe so manches Land im Umkreis von mehreren Tausend Kilometern unter Druck setzen. Man muss nur militärisch in der Lage sein, rasch die geeigneten Verwandten von Kämpfern, die „aus dem Ruder laufen", deren Gehorsam zu wünschen übrig lässt, zu verhaften und notfalls zu foltern, schon werden die wildesten Männer zugänglich. Ich habe solche Fälle in meiner Bekanntschaft erlebt. Wenn nun jedoch Washington offenbar kein Interesse daran hat, sofort vom Hindukusch abzuziehen, wie dargelegt – und pakistanische Sicherheitsapparate ihre islamischen Freunde nicht grundsätzlich ausliefern oder „hängen lassen" wollen, dann neigt dieser Abwehrkampf zur automatischen Selbstverlängerung – oder sagen wir ruhig: Der „Krieg gegen Terror" ist für die Ewigkeit ausgelegt. Der weltweit führende Terrorkrieger, US-Präsident Bush, sagte das immer wieder – und sein Nachfolger und Friedensnobelpreisträger hat offenbar lediglich das Vokabular modernisiert. Damit keiner im Zweifel bleibt, wie das funktioniert, spricht er immer wieder den Definitionsrahmen für Gegner an: statt: „evil" = „böse", jetzt: „violent extremism" – und, zumindest im ersten Vierteljahr: „overseas contingency operation" statt „war on terror".[190]

Über diese wunderbar unexakten Argumentationen haben sich inzwischen schon ganze Generationen von Journalisten und Experten aufgeregt. Diese Aufregung teile ich gar nicht. Es ist doch aus dem ganzen bisherigen Vorgehen der USA seit vielen Jahren, nicht nur zwei verbohrten Regierungen, sondern auch fast der gesamten „politischen Szene", einigermaßen klar, dass der „Terrorkrieg" (o. ä.) als weltweites Machtergreifungs- und -erhaltungsinstrument geplant und durchgeführt ist. Auch die Clinton-Regierung hat sich daran beteiligt und auf ihrem Niveau des „weltweiten Terrors" die „notwendigen" Schritte unternommen. Sie hat Konflikte nicht in der Geschwindigkeit der Bush-Regierung eskaliert, das ist sicherlich allgemeine Ansicht, doch lässt sich keineswegs behaupten, Clintons acht Amtsjahre seien eine „ganz andere Kategorie Politik" gewesen: Tatsächlich war Clintons Vorgehen nur rücksichtsvoller gegenüber Verbündeten und viel weniger brutal im Einsatzland.

Und auch der Hoffnungsträger Obama hat beispielsweise bereits vielfach klargemacht, dass er den Iran angreifen wird, wenn er dies für nötig erachtet, um die atomare Bewaffnung des Landes zu verhindern, völlig unabhängig von den Realitäten in den iranischen Labors. Diese Realitäten interessieren in Washington niemanden ernsthaft.

Die Definitionshoheit über das Bedrohungspotenzial des Iran liegt bei den US-Geheimdiensten. Kaum jemand in der Demokratischen Partei entzieht sich den „Notwendigkeiten". Als ich 2005 bei den wichtigsten Washingtoner Denkfabriken (Think Tanks) vorsprach: Council on Foreign Relations (CFR), Center for Strategic and International Studies (CSIS), Brookings Institution, war jeder Gesprächspartner, völlig unabhängig von der Distanz zur Bush-Regierung, selbstverständlich mit einem Irankrieg einverstanden, sollte die CIA plötzlich sagen: „In sechs Monaten haben die die Bombe…". Parlamentarische Kontrolle? Nicht in den USA. Friedensstrategien? Nicht, wenn dabei Einfluss und unbegrenzte Rohstoff-Zugriffe aufgegeben werden müssten. Unterwerfung unter die UNO – niemals.

Betrachten wir das Thema Folter an Muslimen mit US-Duldung oder Mitwirkung, so war dies in Clintons Amtszeit vor allem in Israel und an Palästinensern üblich – und wird von den USA nur so schwach verurteilt, dass es die Kongress-Genehmigung für das jährliche Milliardenpaket an Unterstützungszahlungen an Tel Aviv nicht beeinträchtigt.

Jeder Student der Politischen Wissenschaften weiß, wie sensibel und differenziert Terror-"Szenen" (das soziale Umfeld von Terroristen) sind und dass daher adäquate Gegenmaßnahmen immer beidseitig ausgerichtet sein müssen: einerseits vernünftiges, politisches Entgegenkommen, also: das ehrliche und echte Eingehen auf berechtigte Forderungen aus dem Kreis der Terror-Sympathisanten, der ja immer das Kämpfer-Potenzial, also den Rekrutierungspool umfasst – sowie andererseits typische Sicherheitsmaßnahmen, die für jeden Tag Zeitgewinn und schlichte „Attentats-Verhinderung" leisten. Diese beiden Aspekte müssen über einen längeren Zeitraum sensibel verflochten werden. Militär hat in dieser Betrachtung fast gar nichts zu suchen, weil es nichts Positives beitragen und bewirken kann und ist deshalb mit weitem Abstand vor allem anderen im Terrorkontext nur denkbar als Teil einer Eskalationsstrategie, nicht als Weg zur Beruhigung.

Kopfschmerzen sind nun einmal kein Aufgabenfeld für Chirurgen heißt es oft bei Diskussionen, es sei denn, es ist ein Tumor: scharf umrissen und dann operabel – oder: Füchse jagt man auch nicht mit der Luftwaffe. Und in angelsächsischen Ländern: Für jemanden mit einem Hammer sieht jedes Problem wie ein Nagel aus. Doch solche Vergleiche hinken immer, Politik ist nicht vergleichbar, alle Parallelen, gerade auch mit früheren Zeiten oder anderen Ländern (besonders beliebt: das Desaster im Irak – und momentane PR-Kunstgriffe wegen der zeitweiligen Erhöhung regulärer US-Truppen) werfen stets mehr Probleme auf als sie lösen helfen.

Von einer echten und weiterführenden Vergleichbarkeit der Verhältnisse in Pakistan und Afghanistan mit anderen anderswo sind wir weit entfernt – und jetzt, 2010, weiter denn je. Lediglich der nationale und ethnisch/tribale Selbstbehauptungswille der Afghanen mag mit Blick auf die Abwehr britischer und sowjetischer Beherrschungsversuche angeführt werden, außer dieser Betrachtung habe ich noch keinen wirklich intelligenten weiterführenden Vergleich gesehen.

Dass die USA in den vergangenen Jahren aus ihren Misserfolgen im „Terrormanagement" entscheidend dazugelernt hätten, erschließt sich nicht. Vielmehr ist zu beobachten, dass man sich nach Kräften bemüht, immer weitere islamische Bevölkerungskreise durch gezielte Eskalation und weltweite Provokation in den Widerstand einzubeziehen, um endlich gegen die so angewachsene Masse von

„Zwischenfällen" große militärische Chirurgie einsetzen zu können, die, so die offizielle Wahrnehmung in Kreisen der Neocons, allein die militärisch-ökonomische Kolonialisierung der Welt sicherstellen kann. Die Drohung eines gegen Pakistan gerichteten militärischen Einsatzes ist ja bereits seit 2007 handfest und ausgesprochen auf dem Tisch[191] – und wäre ein großartiger „Erfolg" jahrelanger „Bemühungen" der Strategie-Abteilung im Kabinett Bush – mit anderen Worten: von Karl Rove. Er hatte sich persönlich abgesetzt, offenbar weil er den politischen „Kladderadatsch" nach der erwartet schmählichen Niederlage der Republikaner nicht aus dem Weißen Haus heraus begleiten möchte, denn das erscheint schädlich für das politische Ansehen und damit für die weitere Karriere. Inzwischen sammelte Rove schon Punkte als kluger TV-Kommentator, sogar seine Ausgewogenheit wird gelobt.

„Früh-Aussteiger" der Bush-Administration wie der ehemalige CIA-Chef George Tenet oder Ex-Verteidigungsminister und Folter-(Mit-)Organisator Donald Rumsfeld mussten vermutlich deshalb lange vor dem Bush-Abtritt gehen, weil das Vertuschen ihrer Verbrechen offenbar nur durch stärkeren zeitlichen Abstand zum Verschwinden der Bush-Regierung möglich erschien. Ob die juristische Aufarbeitung ihrer Taten der jetzigen US-Regierung gelingt, wird für den Ruf der USA als demokratischer Rechtsstaat allerdings entscheidend. So bereitet sich das Führungspersonal der Neocon-Ära auf eine neue Gang- und Tonart vor, von der, zumindest laut Ex-US-Präsident Carter,[192] im Prinzip nichts Neues zu erwarten ist, „weil beide Präsidentschaftskandidaten tun müssen, was Israel will". Und auch ein Obama hat es offenbar nötig, sich von einem Rockefeller protegieren zu lassen, Senator Jay Rockefeller, Vorsitzender des Geheimdienst-Ausschusses des US-Senats.[193]

In dieser Situation erscheint es den USA sinnvoll, ihre Truppenzahlen am Hindukusch zu erhöhen. Der Unterschied zwischen den beiden Präsidentschaftskandidaten, Obama und McCain, betrug dabei nicht einmal eine Brigade: Obama wollte im Wahlkampf zwei zusätzlich an den Hindukusch verlegen, das wären rund 10.000 Mann,[194] McCain drei, aber nicht nur Amerikaner, sondern auch andere Nato-Soldaten, also etwa 15.000.[195] Pakistan wird weiterhin extrem unter Druck gehalten. Verging unter Bush kaum ein Tag, ohne dass ein US-Funktionär mit Bombenangriffen oder Einsatz von Bodentruppen drohte, so hat Obamas kurze Amtszeit mehr als dreimal so viel Drohneneinsätze gebracht als Bush in den letzten drei Jahren seiner Ägide.

Es ist klar: Wir befinden uns in einer Eskalationsphase des Terrors: Hier ist entscheidend, wie im Einzelfall die Steuerungsmechanismen bei den herausgehobenen Akteuren, einzelnen Geheimdienst-Managern und deren Agenten funktionieren. Dies wird weiter unten an zwei Grafiken und mit Beispielen veranschaulicht.

Ich hatte oben festgestellt, dass offenbar alle wichtigen Widerstandsträger in und nahe Afghanistan ständige Verbindungen zu Führungsoffizieren pakistanischer Dienste unterhalten. Da es in den höheren Chargen des Widerstandes Persönlichkeiten gibt, die nicht gut selbst zwischen der pakistanisch-afghanischen Grenze und Büros in Peschawar oder gar Islamabad pendeln können, weil sie dafür viel zu prominent sind, schaffen sie buchstäblich Liaison-Büros, die sie mit Getreuen oder vielfach auch mit nahen Verwandten besetzen. Dazu ein realer vorhandenes Beispiel: Eine wichtige Führungsfigur der Taliban, Mitglied im obersten Führungsgremium „Rahbari Shura", sozusagen in Mullah Omars „Regierungskabinett", hat einen sehr nahen Verwandten in der Widerstandshochburg Miranshah postiert, der Hauptstadt Nord-Waziristans – und einen zweiten in Islamabad, der dort die laufenden Kontakte zum ISI wahrnimmt.

Wenn jetzt die USA kritisieren, dass Taliban-Verteidigungsminister Jalaluddin Haqqani in die beiden spektakulärsten Attentate der letzten Zeit in Afghanistan verwickelt war,[196] nämlich in das Attentat auf Afghanistans Präsident Karzai am 27. April 2008[197] und auf die indische Botschaft in Kabul am 7. Juli 2008[198] dann muss ich hier feststellen, dass es sich bei dem eben erwähnten, so hervorragend mit Pakistans Geheimdiensten UND der pakistanischen Talibanführung vernetzten, afghanischen Talibanführer um eben genau diesen Jalaluddin Haqqani handelt – und dass, mit allen Konsequenzen, keine Macht der Welt mich dazu bringen kann, anzunehmen, die CIA hätte von diesen Verbindungen und ihren Inhalten nichts gewusst. Schließlich verlor Haqqani auch Mitte Juli seinen Sohn Omar bei Kämpfen gegen US-Truppen nahe der Stadt Gardez. Also ist offenbar schon Vergeltung geübt worden – jeder Afghane ist sich sicher, Omars Tod hängt mit dem kämpferischen

Engagement des Vaters Jalaluddin zusammen. So viele Zufälle auf einmal wären stark erklärungsbedürftig. Und eigentlich müssten nun in Washington und Langley mehr Köpfe rollen, als die Taliban im für sie günstigsten Fall je abschneiden könnten.

Doch das Folgende ist ganz öffentlich: Manchmal, wenn Dinge schiefgehen – oder die US-Auftraggeber „umdisponieren", dann öffnen sich plötzlich Sichtschneisen hinter die Kulissen. In der zweiten Morgenstunde des 29. Oktober 2002 wurde Dr. Ghairat Baheer – Schwiegersohn des Parteichefs der Hizb-i Islami Afghanistan, Gulbuddin Hekmatyar, einem seit 2002 hoch aktiven Widerstandsführer neben den Taliban – in seinem großzügigen Wohnhaus in Pakistans Hauptstadt Islamabad verhaftet. Die entsetzten Kinder beschrieben dem Autor eine Gruppe von etwa 15 bewaffneten Pakistanis, bei der auch eine Frau gewesen sein soll, möglicherweise die damalige Stationschefin der CIA.[199] Ghairat Baheer ist eine international bekannte Persönlichkeit mit Medien- und Regierungskontakten. Die USA haben ihn Anfang Juni 2008, also nach fast sechs Jahren, aus ihrem Gefängnis in Bagram freigelassen. Er wohnt inzwischen, wie auch so mancher prominente Freigelassene aus Guantánamo, in Kabul.

Warum die Festnahme eines bekannten Mannes, ein Jahr nach 9/11, fragt sich der Zuschauer – und warum später die Freilassung? Vielleicht hilft folgende Erklärung mit zwei komplementären Begründungen: Baheer wurde einerseits höchst wahrscheinlich festgenommen, weil die Regierung Musharraf und seine US-Sponsoren einen sichtbaren Erfolg benötigten. Andererseits störte sicherlich auch die hohe Sichtbarkeit des Mannes und sein Draht zu den Medien. Denn der wichtigste und empfindlichste Punkt des amerikanischen Terrormanagements ist die unangefochtene mediale Lufthoheit. Wir erinnern uns an eine der Bedingungen der USA an Pakistans Präsidenten Musharraf vom 12. September 2001 für den „gemeinsamen" „Kampf gegen Terror", in Kurzfassung: „Stets den ‚Terroranschlag' verurteilen". Da stören Äußerungen eines Baheer. Auffällig ist jedenfalls die absolute Medienstille um die vielen anderen weiterhin existierenden „halboffiziellen" Kontaktleute von „Al-Qaeda" und Taliban in Islamabad, Quetta und Peschawar.

Dass man den anderen großen Widerständler Afghanistans, Hekmatyar, auf Dauer mit der Person Baheers erpressen kann, ist ebenso auszuschließen wie der Gedanke, die CIA wollte durch diesen Gefangenen eine Signalmöglichkeit an Hekmatyar herstellen, wie durch einen gefangenen Botschafter. Denn man könnte Hekmatyar alle gewünschten Signale sicherlich leichter persönlich überbringen, schließlich weiß der ISI jederzeit genau, wo Hekmatyar ist, falls der ISI nicht sogar eingetragener Hauseigentümer von Hekmatyars aktuellem Wohnsitz ist. Freigelassen hat man ihn jedenfalls, so berichtete dem Autor ein afghanischer Mitarbeiter des BND, weil man in nähere Verhandlungen mit Hekmatyar eintreten wollte – und dafür einen ihm vertrauten Pendel-Diplomaten benötigte. Zurück zum Geschäft und zu unserer Grafik.

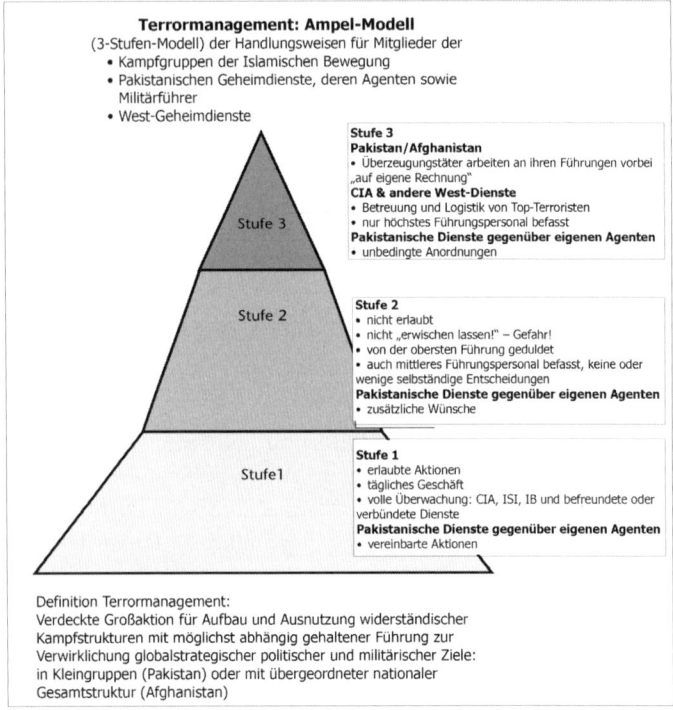

Eigene Ziele der Organisation / persönliche Ambitionen des Agenten

Das Grundsegment der „Aktivitäten für eigene/persönliche Ziele des Agenten oder für die Ziele seiner Organisation, zum Beispiel die neuen pakistanischen Taliban, Tehreek-e-Taliban (TPP), umfasst manche Dinge, die der Agentenführer im pakistanischen Geheimdienst grundsätzlich kennt – aber auch andere, die er nicht kennen soll – und die er nicht wünschen kann. Zum Beispiel: Der ISI versucht mit höchster Kraft, die jungen Leute aus der neuen TPP in den Griff zu bekommen. Da muss er fördern und helfen – und auch in Kauf nehmen, dass zu dieser Truppe Leute gehören, die plötzlich den Distrikt SWAT besetzen und dort ihr hartes Regime errichten, wobei alle offiziellen Regierungsvertreter das Weite suchen müssen.

Oder ein besonders radikales Mitglied bringt einen hohen Offizier der pakistanischen Armee um. Jetzt könnte man Ermittlungen aufnehmen, versuchen, das ganze Geschäft der TPP umzukrempeln, um den Schuldigen zu finden, das geht nur mit Verhaftungen, Folter und Kommando-Aktionen. Aber dann ist der Landesfriede dahin und in Kürze Feuer unterm Dach. Also wird der tote Kamerad in Kauf genommen und die Ermittlungen werden auf kleiner Flamme weitergeführt. Und weil ja auch noch die für derart sensible Fragen wesensmäßig ungeeigneten amerikanische Kräfte in Pakistan herumspuken wie ungerufene Geister, muss man vielleicht auch einmal eine große Aktion starten, mit tausend Mann einen Landstrich in Waziristan oder Nachbarschaft besetzen, ohne dabei den größten möglichen Druck zu entfalten. Und natürlich gilt für Kameraden, die vorne zu den Taliban überlaufen, die offizielle Wortwahl: „gerieten in Gefangenschaft". Auf keinen Fall wird von hinten auf diese Überläufer geschossen… Diese Fälle können Agentenführer in den Diensten mit ihren Gesprächspartnern in den Widerstandsparteien abhandeln. Selbstverständlich werden für bedeutendere Aktionen auch ranghöhere Kämpfer ins Gespräch einbezogen.

Der „offiziell bekannte" Anteil der Aktivitäten eines Agenten für sich selbst oder seine Partei wird dabei auch offen besprochen und vom Agentenführer im pakistanischen Geheimdienst schriftlich fixiert. Darüber wird dann auch mit den amerikanischen Geheimdienstlern aus den mittleren und unteren Segmenten ihrer Hierarchie gesprochen. Über die bekannten Tätigkeiten hinaus gehende sind grundsätzlich nicht erwünscht, werden jedoch teilweise akzeptiert – und teilweise eben auch gar nicht, dann wird der Agent entweder getötet oder verhaftet und den Amerikanern auf den niedrigeren Rängen (und der staunenden Öffentlichkeit) als Erfolg im Antiterrorkrieg präsentiert.

Anordnungen mit Wunschcharakter: Mittelbereich

Nun haben Geheimdienste ja nicht nur freundlich zur Kenntnis zu nehmen, was ihre Ansprechpartner in der Islamischen Bewegung im Feld treiben oder planen, sondern sie haben Vorgaben, die eine möglichst kohärente, wenn auch in Teilen geheime, Regierungsagenda voranbringen sollen. Also ergehen Anordnungen an die „militanten Kräfte", vor allem an deren Führungspersonal. Nur einen Teil davon wollen die neuen, jungen Taliban umsetzen, eher sogar einen ziemlich kleinen Teil. Der Agentenführer und seine Vorgesetzten müssen sich also darüber klar werden, welchen Teil der Anordnungen sie notfalls für stillschweigend verschiebbar oder verzichtbar halten: Diesen Teil der Befehlslage stellt der mittlere Bereich der Grafik dar. Muster von Verhaltensweisen der Agentenführer und ihrer Agenten sind dabei kaum zu erkennen, lediglich individuelle Entscheidungsparameter wie Glaube, Finanzsicherheit, Familiensituation, tribale Zusammenhänge, Beziehungsnetzwerke.

Bereich der unbedingten Anordnungen

Und schließlich gibt es ja auch noch Anordnungen, die zum Beispiel aus der ISI-Spitze ergehen – und keinen Aufschub dulden. Beispiele: Einer der Kämpfer ist „erheblich über das Ziel hinausgeschossen", hat einen Drogenkurier bestohlen, der einem General „gehörte", eine Exekution ist fällig – und zwar schnell.

Oder: Ein besonders radikales Grüppchen hat sich gebildet und gebärdet sich absolut „unansprechbar", bei gleichzeitig sehr blutigem Vorgehen. Dann wird eine andere Organisation gebeten, sich der „Brüder" mit wachsendem Druck „anzunehmen" – auch wenn da heimliche Sympathien zwischen den Mitgliedern bestehen. Da werden dann auf allen Seiten Führungsfähigkeiten getestet… Und nur zur Vervollständigung des Bildes mag folgender Hinweis dienen: Was macht man mit Forderungen nach mehr Härte, die offenbar direkt aus dem Weißen Haus kommen, zum Besuch von US-Vizepräsident Dick Cheney in Pakistan am 26. Februar 2007 – und in ihrer Summe den ganzen Betrieb in blutiges Chaos stürzen würden? Lösung: Man nimmt Obeidullah Akhund, den ehemaligen Taliban-Verteidigungsminister in freundlicher Form und rechtzeitig zum Cheney-Besuch fest,[200] ein fetter Brocken, – und wenn die Lage sich beruhigt hat, im Herbst 2007, lässt man ihn ebenso freundlich wieder laufen.[201] Nichts für ungut.

Dieser Vorgang und seine Berichterstattung, in ihrer bis dato nahezu unerreichten Öffentlichkeit und Klarheit in den Interpretationsmöglichkeiten, zwingt zu einer kurzen Betrachtung eines Teils der Akteure in der Region.

Der westliche Einflussblock („CIA") ist in Afghanistan nicht mehr so monolithisch wie bisher, das wirkt sich auch auf Pakistan aus. Andere Nachrichtendienste kochen ihre z. T. „eigenen Süppchen", zwischen Briten und Amerikanern gibt es häufiger Ärger, das System schwächelt. Die „Widerstands- und Terrorszene" ist stark segmentiert und unübersichtlich, dabei personell fluktuierend und politisch stark veränderlich.

Pakistan verfügt über zwei hier wichtige Nachrichtendienste: ISI (Inter Services Intelligence = Militär) und IB (Intelligence Bureau = zivil), mit gelegentlich durchaus konkurrierenden und sich überschneidenden Agenden.

Lage in Pakistan

Wir sehen bereits an dieser Stelle: Was immer der Westen in Pakistan versucht, es ist ausgeschlossen, dass es klappt wie es müsste. Die Struktur der Verhältnisse ist dazu schlicht nicht „aufgestellt". Automatisch ergibt sich die Frage, wie dieses von mir als „Terrormanagement" bezeichnete Vorgehen aus der Sicht eines Agentenführers in einer pakistanischen Sicherheitsinstitution aussieht. Auch hier ist von einer Dreiteilung auszugehen:

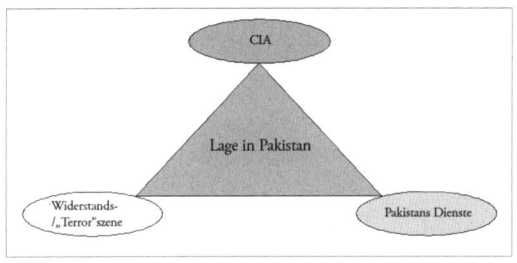

Aktivitäten eines pakistanischen Geheimdienstmitarbeiters in der Agentenführung

Dabei muss der Agentenführer bestrebt sein, einen vermuteten Anteil heimlicher und verbotener Aktivitäten so klein und geheim wie möglich halten, in Abhängigkeit davon, wie „muslimisch solidarisch" er tatsächlich zunächst persönlich empfindet – dann aber auch, wie er in dieser Hinsicht seine Vorgesetzten einschätzt.

Zum Beispiel: Ein bestimmtes Attentat liegt nicht im genehmigten Bereich. Es wird jedoch durch den Agenten trotzdem ausgeführt, wobei es darum geht, dass die Akteure sich nicht erwischen lassen, um weder den Agenten noch seinen „toleranten" Agentenführer zu desavouieren. Meistens geht es so vonstatten, dass Kämpfer im Umfeld des berichtspflichtigen Agenten ein solches Attentat ausführen, um ihn zu schützen. Dafür wird der Agent, wenn dies nicht unter seinem Rang liegt, die Attentate selbst ausführen, die „ok" sind, für die er „grünes Licht" bekommen hat.

Auch wenn der „Manager" in der pakistanischen nachrichtendienstlichen Betreuungseinheit im Fallbeispiel tatsächlich ziemlich genau im Bilde ist, was da passiert, wird er darüber wohl kaum eine schriftliche Meldung anfertigen. Das Maß seiner Konspiration mit seinem Informanten ist von vielen Faktoren abhängig: Stammeszugehörigkeit, Glaube und persönliche Vergangenheit spielen dabei eine wichtige Rolle. Und schon gar nicht wird der Führungsoffizier auf Anfrage ausländischer Dienste darüber Kenntnisse andeuten. Aber sein oberster Chef, der DG ISI (= Director General ISI) wird dies möglicherweise auf höchsten Ebenen der US-Partner sehr diskret tun – und da ist dieses Attentat dann möglicherweise wesentlich willkommener, als es den unteren Chargen laut deren Befehlslage sein darf.

Im wirklich sensiblen Spitzenbereich der Geheimhaltungs- und „Verbotszone" geht es um Aktivitäten, die der Agent „auf eigene Kappe" und/oder auf allerhöchste Weisung entfaltet. Hiervon darf der Agentenführer im mittleren Management des zuständigen Geheimdienstes nicht einmal eine schwache Ahnung bekommen, sonst landet der Agent im Folterkeller, sei es in Pakistan, Guantánamo oder sonstwo. Klar ist: Ein guter Kämpfer muss darauf achten, dass er das geheime Spitzensegment und die mittlere Grauzone, also den gesamten Aktionsbereich außerhalb der Reports, so groß und bedeutend wie möglich hält, um nicht in die Blutmaschine mit ihren Mahlsteinen 1. CIA und deren befreundete Folterstaaten, 2. pakistanische Dienste und 3. radikalisiertes Fußvolk des Widerstandes, also der „eigenen Leute", zu geraten.

Bedenkt man, dass es allein auf pakistanischer Seite zwei große und konkurrierende Einheiten gibt, ISI und IB, dazu unzählige Splittergruppen von Fußvolk im Widerstand und in der Terrorszene, ähnlich komplizierten Firmengeflechten weltweiter Drogenkartelle, großer Steuerhinterzieher oder Betrugsfirmen (BCCI,[202] Enron[203] oder Flowtex[204]), dann ahnt man, dass so ein Leben ganz schön kompliziert werden kann.

Diese kleine Einführung mag genügen, um einen kleinen Einblick in „Gemengelagen" des komplizierten und hoch gefährlichen Terrorgeschäfts zu erhalten, in dem nicht nur Greenhorns regelmäßig scheitern müssen. Aber auch auf der internationalen Ebene der „großen Politik" sind diese Dinge kaum erklärbar. Sie machen das Geschäft sehr schwierig und z. B. für einen beteiligten Politiker wie Musharraf auch einsam. Der Masse seiner Landsleute und anderen Gesprächspartnern ist das Verfahren nicht zu erklären, international muss er sich andauernd verteidigen – und die USA verlangen ständig irgendwelche Leistungen, die sich widersprechen.

OEF-Erfolge in Afghanistan bei der Terrorjagd – aber es müssen ja genügend Terroristen übrigbleiben, damit man nicht unversehens abziehen muss. Das von den USA an die pakistanische Adresse beklagte „Doppelspiel" betreibt vor allem Washington selbst. Pakistan bewegt sich dabei zumeist im Bereich der politisch-militärischen Notwehr. Ein täglicher Ritt auf Messers Schneide für beteiligte pakistanische Spitzenpolitiker. Kein Wunder, dass die neue PPP-Regierung unter Präsident Zardari gelegentlich nicht mehr mitspielen will – oder die Opposition muckt auf, unbotmäßige Richter erinnern sich seiner Korruptionsanklagen etc. Diese täglichen Terrorspiele stärken außerdem stets die Rolle des Militärs – und verringern Macht, Rolle und Außendarstellungsmöglichkeiten der Zivilregierung.

Damit kommen wir zu einer notwendigen Betrachtung der Wissensstände in den Hierarchien der beteiligten Organisationen. Dazu betrachten wir noch einmal das dreistufige Modell. Dort gibt es in den jeweiligen Hierarchien der Akteure enorme Unterschiede, was die Wissensstände angeht: Nur eine kleine Oberschicht kennt alle grundlegenden Zusammenhänge ziemlich gut. Bei der CIA und in den pakistanischen Diensten hindert diese Führungselite das Mittelmanagement regelmäßig daran, spektakuläre Fahndungserfolge zu erzielen, was in den kommenden Jahren zu einer stattlichen Anzahl Enthüllungsstories frustrierter Ex-Agenten führen wird. Der spektakulärste bisher bekannte Fall in dieser Hinsicht ist sicher die *New York Times*-Story vom Juli 2007 über die vom damaligen US-Verteidigungsminister Rumsfeld in letzter Minute gestoppte Ergreifungsaktion gegen Ayman al-Zawahiri, die „Nr. 2" der „Al-Qaeda" im Jahre 2005.[205] Offizielle Begründung damals: Man habe Pakistan (mit einer Einsatzstärke von 300 US-Soldaten!) im Ergreifungskommando nicht „brüskieren" wollen. Als ob ein Staat, der ganze Kriege fingiert und „gewohnheitsmäßig" Staats- und Regierungschefs oder andere missliebige Notabeln umbringen lässt, vor vergleichsweise geringfügigen Brüskierungen zurückschrecken würde, insbesondere, wenn es angeblich um die Ergreifung von al-Zawahiri geht, für die ja bald mindestens 60.000 Mann US-Truppen in Pakistans Nachbarland Afghanistan eingesetzt sind und die gesamte Region destabilisieren – oder sollten wir sagen: „brüskieren"? Besonders „hübsch" ist auch die Schilderung Michael Moores über den Sonderflug von 22 Verwandten des angeblichen Terrorzars Osama bin Laden aus den USA nach Hause während des allgemeinen Flugverbots in den USA während der ersten Tage nach 9/11 – ohne jedes Verhör oder andere kriminalistische Begleitaktivität.[206]

Der Deutsche Bundeswehrarzt Dr. Reinhard Erös, dessen Schulbauten in Krisengebieten Afghanistans ein Musterbeispiel erfolgreicher Entwicklungshilfe sind, erzählt in seinen Vorträgen immer wieder die Geschichte, wie er im September 2001 dem BND mithilfe seiner guten Beziehungen zu afghanischen Stammesältesten die Ergreifung Osama bin Ladens angeboten hatte – vor allem um das unweigerlich folgende Bombardement und die Invasion der Nato zu verhindern. Es dauerte zwei Wochen, bis der BND antwortete, so Erös. Die Antwort soll gelautet haben: „Vielen Dank, gute Idee, durchführbarer Plan – aber für uns eine Nummer zu groß!"

Nun darf man solche Informationen nicht einfach so stehenlassen: Der BND ist nichts anderes als eine Informationssammelstelle der CIA und muss alles weitermelden, was wichtig ist. (Umgekehrt gilt dies nicht. Nur die Briten behaupten, sie bekämen alles, was die

CIA weiß – was lächerlich ist, die Datenmenge ist so groß, dass alle Agenten dafür ins Archiv wechseln müssten, nur um das Zeug zu sichten…) Jedenfalls müssen wir davon ausgehen, dass der BND das Erös-Angebot der CIA vorgetragen hat und sich eine klare Abfuhr holte. Die Liste der Geschichten ist noch länger:

Im Januar 2007 erzählte Afghanistans Präsident Karzai dem CDU-Bundestagsabgeordneten Wimmer, die USA hätten im Jahr 2004 in Afghanistan Frieden machen können, dies jedoch abgelehnt.[207]

2006 brachte Karzai bei einem Besuch in Pakistan eine Liste mit Adressen, Telefonnummern und Adressdaten von Arbeitgebern für mehr als 150 Top-Taliban mit und überreichte sie seinem Amtskollegen Musharraf. Monate später erklärte Musharraf, die Listen seien nicht mehr auf dem neuesten Stand und deshalb wertlos.

Oder etwas aus dem Geschäftsleben? Bei seinem Pakistan-Besuch im Herbst 2007 drohte der damalige US-Vizeaußenminister Negroponte seinen pakistanischen Gesprächspartnern mit Luftangriffen auf pakistanisches Territorium wegen angeblicher Fehler im Terrorkrieg. Gleichzeitig jedoch verkündete er eine ganz andere Botschaft: Pakistan solle besser gar nicht erst daran denken, eine Gaspipeline vom Iran aus über sein Territorium nach Indien („IPI"-Route) zu bauen. Das bedarf für Eingeweihte keines Kommentars, schließlich haben die USA eigene Pipeline-Pläne für die Region – und das politische Risiko eines Abzweigs von der Röhre in Richtung China wäre viel zu groß…

Doch auch in der afghanischen Widerstandsszene gibt es Grenzen für den Tatendrang. Das jüngste und bislang eindrucksvollste ist sicherlich das Scheitern des Taliban-Kämpfers Mullah Dadullah, der gleich doppelt über die Stränge schlug: Zunächst konterkarierte er durch die gezielte Ermordung von Stammeschefs, die CIA/ISI zuvor mühevoll angeworben hatten, in Pakistans Paschtunengürtel die Management-Ambitionen Washingtons. Potenziell weit bedrohlicher war jedoch die wachsende Medienpräsenz. Denn sehr schnell könnte ein charismatischer Talib weltweit eine Underdog/David-Heldenrolle einnehmen, das wollte Washington offenbar nicht dulden. Dadullah wurde regelrecht persönlich gehetzt und hingerichtet. Widerstandsgeist ist offenbar ein Familienmerkmal, Dadullahs Bruder Mansur, der ihm im Amt als Militärführer zunächst nachgefolgt war, wurde durch eine CIA-Medienente („von Mullah Omar abgesetzt"[208]) regelrecht „verwarnt".

Sonderfall von Gewicht: Machtkampf gegen Obama

Am Jahresende 2009 tötete ein Abgesandter der „Al-Qaeda"-Führungsspitze in einem CIA-Posten in Grenznähe zu Pakistan mit einem spektakulären Selbstmordattentat[209] sieben zum Teil hochrangige CIA-Kräfte sowie seinen jordanischen Führungsoffizier, Hauptmann Sharif Ali bin Zeid, ein Mitglied des jordanischen Königshauses, der den Mann der CIA empfohlen hatte.[210] Das ist nun eine ganz andere Sache, wesentlich ernster als alle bisher betrachteten Fälle. Denn hier, nach allem was wir bisher gesehen haben, handelt es sich um den Fall, dass eine US-gestützte Spitzengruppe der „Terroristen" sich am mittleren Management der CIA vergreift, das ihr soeben offenbar zu nahe kommt, zweifellos „von ganz oben" gesteuert. Hatte einer der führenden amerikanischen Regierungskritiker, Webster Tarpley, zuvor schon angemerkt,[211] die beiden Eindringlinge auf Dinner-Parties im Weißen Haus im letzten Quartal des Jahres 2009 seien nichts anderes als Drohgebärden des Sicherheits-Establishments der USA gegen den amtierenden Präsidenten und dessen Politik, so müssen wir hier klar schließen: Es gibt einen aus den Kreisen der wahren Machthaber in den USA ferngesteuerten Kampf zwischen CIA-Agenten um den Kurs des künftigen Terrorkrieges, ein Geheimdienst-Spektakel mit Militär-Einsatz, das Bush so angelegt hatte, dass jeder Nachfolger, der nicht nach seinen Regeln spielt, eine Zeitbombe unter seinem Stuhl findet, die ihn jederzeit politisch und tatsächlich zerfetzen kann.

Die Obama-Administration will jedoch die Macht dieses Terror-Kartells brechen, beziehungsweise dessen Mitglieder stärker disziplinieren oder austauschen – sowohl in den USA bei der CIA als auch in den weltweit verstreuten Verstecken der „Al-Qaeda"-Spitzenfunktionäre. Ziel der geplanten Zusammenarbeit mit dem vermeintlichen Agenten Al-Balawi war die Tötung oder Festnahme der „Nr. 2 von Al-Qaeda: Aiman Al-Zawahiri". Dass der jedoch unter dem besonderen Schutz der Bush-Cheney-Clique, also des mächtigsten US-Establishments steht, hatten wir bereits gesehen. Demnach war Al-Balawi eigentlich ein „Dreifach-Agent". Von diesen gibt es viele in diesem mörderischen Spiel. Viele Unterstützer Obamas aus der großen Schar seiner schwarzen Fans hatten Bedrohungen ihres Wunschkandidaten bereits im Wahlkampf vermutet – und in Reportermikrofone und -kameras gesagt: Jetzt haben wir eine bittere, blutige Realität, die alle Befürchtungen in den Schatten stellt. Interessant: Aus dem betroffenen CIA-Posten Chapman heraus, südlich der afghanischen Grenzstadt Khost, 10 Meilen von der pakistanischen Grenze entfernt gelegen, wurden die jüngsten Drohnenattacken auf Talibanführer und Al-Qaeda-Personal gelenkt, denen auch Pakistans Taliban-Star Beitullah Mehsud zum Opfer fiel. Selbstmordbomber Hammam Khalil al-Balawi hatte vor seiner Attacke ein Video aufgezeichnet, in dem er erklärte, Beitullahs Ermordung rächen zu wollen.[212a] Beitullah war in der Chaos-Strategie der Bush-Regierung zur Destabilisierung Pakistans der Spitzentrumpf gewesen. Diese Chaos-Strategie hat ein höchst wichtiges Ziel, sagen Beobachter: Den vorerwähnten und fest geplanten Bau einer Gas-Pipeline von Iran nach Indien/China durch organisiertes Chaos im Durchgangsland Pakistan so lange wie möglich zu verhindern, zumindest jedoch bis zum angestrebten „regime change" im Iran.

Wissensstände in den Geheimdiensten

Ein erster Blick auf die Grafiken für den Widerspruch zwischen Arbeitsleistung, Mitarbeiterzahl und Wissensstand zeigt, dass CIA-Arbeit und das Vorgehen pakistanischer Dienste nicht aufeinander passen – und zu endlosen Reibereien führen muss.

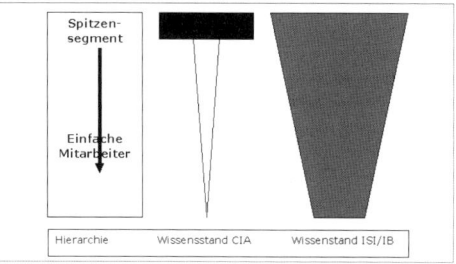

Während in den Diensten beider Staaten fleißig gearbeitet wird (gleiche Lastverteilung innerhalb der Hierarchien), ist das tatsächliche Wissen in der Hierarchie der für Pakistan und Afghanistan zuständigen CIA-Mitarbeiter so verteilt, dass brauchbare Arbeit nicht geleistet werden kann. Anders ausgedrückt: Die Hierarchiespitze geht von einem völlig anderen Wissensstand aus – und hält es für nützlich und angemessen, auch hochrangige Mitarbeiter über die tatsächlichen Zielsetzungen im Unklaren zu lassen.

Selbstverständlich stellen Mitarbeiter privat Vermutungen über die Verhältnisse innerhalb ihres Arbeitgebers CIA an, manche wählen dann auch den Ausstieg, doch erheblich für eine objektivierte Betrachtung sind selbstverständlich ausschließlich die dienstlichen Veranlassungen. Dieses Diagramm basiert auf zahllosen Zitaten in der Literatur, besonders ergiebig: Seymour Hersh, sowie auf mehreren persönlichen Begegnungen und Beobachtungen, verteilt über viele Jahre.

Der BND wäre in einer solchen Grafik eine Mischform zwischen CIA und ISI/IB – jedoch mit starken individuellen Varianten. Wollte man einen Kommentar zur Überlebensfähigkeit eines Systems abgeben, so muss klar festgestellt werden, dass hier nicht nur die CIA schwach abschneidet. Vielmehr geht es ja auch um die Informationsverteilung in der ganzen Gesellschaft, deren institutioneller Bestandteil ein Geheimdienst nun einmal ist. Für die USA muss klar festgestellt werden, dass der gesellschaftliche Zustand grundsätzlich den in der CIA widerspiegelt. Die breite Bevölkerungsmasse in den USA hat keinen blassen Schimmer, was in der Welt los ist, was eine erstrangige Gefahr für die Standfestigkeit der Demokratie bedeutet.

Daran gemessen sieht Pakistan erheblich besser aus, nur sind andere Faktoren (Chancenverteilung, soziale Beweglichkeit, Reichtumsverteilung, Bildung) so ungünstig aufgestellt, dass die vorhandenen guten demokratischen Kräfte im Volk ihre Wirkung auf die gesellschaftliche Realität nicht entfalten können. Wenn wir jedoch die Wissensverteilung in der CIA und die entsprechenden Rückschlüsse auf die Gesellschaft in einen historischen gesellschaftlichen Vergleich stellen, dann entspricht das „Modell CIA" nicht einem demokratisch verfassten Staatswesen, sondern eher einer Diktatur im Europa des vorletzten Jahrhunderts.

Aktive US-Verschleierung

Die Rückkehr der Taliban zu Macht und Einfluss begann schon 2003, wurde 2004 unleugbar wirksam. Zwischen 2002 und 2005, so fand Rashid heraus,[212b] mussten die Briten feststellen, dass die USA nichts unternommen hatten, um die Aktivitäten der wieder aufblühenden Taliban in vier Provinzen in Südafghanistan oder in

Quetta zu beobachten. Rashid schreibt weiter, dass ein US-General ihm gegenüber zugab, dass die Nato den Preis dafür bezahlte, dass die USA eine Satelliten-Überwachungskapazität für Südafghanistan und Quetta gar nicht erst vorgesehen hatten. Der Irakkrieg habe so viele Ressourcen benötigt, man sei nicht davon ausgegangen, dass es in dieser Gegend „Al-Qaeda"-Führer gegeben habe.

Am 28. September 2006, zwei Wochen bevor der Nato-Oberkommandierende, US-General James Jones, vor dem Senatskomitee für Auswärtige Beziehungen erklärte, dass das Taliban-Hauptquartier in Quetta sei, saßen die drei betroffenen Präsidenten zusammen: Bush, Karzai und Musharraf. Karzai trug zum Verdruss von Bush das Problem bei Tisch vor. Kein Wort habe Bush dazu gesagt, ärgerte sich Karzai hinterher.[212c] Jahrelang hatte Bush Musharraf vor Kritik in Schutz genommen. Dafür hatte Pakistan eine weitere „Leistung" zu bieten: Zwei Mal berichtete einer meiner afghanischen Informanten, der eng mit beiden Geheimdiensten Pakistans zusammenarbeitet, von deren Anfrage nach möglichen Lieferanten für Elektronikbauteile zum Bombenbau: das erste Mal 2005 und erneut 2006. Danach kam nichts mehr; man war sich offenbar mit Lieferanten handelseinig geworden. Die Nachfrage des Autors nach den Spezifikationen für die Elektronikteile war dem guten Mann dann wohl doch zu heiß, er äußerte sich nicht. Und der Autor wollte auch nicht mit einem Katalog der Firma Electro-Conrad in Peschawar erwischt werden…

In diesem Zusammenhang schreibt Rashid[212d]: Entlang der afghanischen Grenze stellten die Menschen in Heimarbeit Teile für Bomben her, die dann am Straßenrand explodieren: elektronische Schalttafeln, Zünder, Sprengsätze. Das Grundmaterial dafür stellen den fleißigen Heimwerkern offenbar die pakistanischen Geheimdienste zur Verfügung!

Sensation im Kanzleramt

Im Juni 2008 sprach der Autor nach längerem Vorlauf am Telefon und über Emails mit einem regelmäßigen Teilnehmer der wöchentlichen „Geheimdienst-Lage" im Bundeskanzleramt. Dort berichten alle Dienste über ihre Erkenntnisse. Auf die Frage, ob denn der BND über diese Doppelpolitik der USA informiert sei, den Krieg am Hindukusch heimlich zu befördern, um ihn offen ausweiten zu können, senkte mein Gegenüber den Kopf, sah plötzlich sehr müde aus und gab völlig schnörkellos zu: „Ja, wir wissen das." Klar und deutlich. Und es klang nach einem langfristigen Wissen und grundsätzlichen Tatbeständen.

Fazit: Terrormanagement auf der ganzen Linie

Die Aktivitäten pakistanischer Geheimdienste, die sich nicht bewegen können, ohne dass die CIA dies mitbekommt, begleiten also alle Schritte des Widerstandes, von der Rekrutierung bis zum Training, von der Ausrüstung bis zum Bombenbau, vom taktischen Hinweis über Natotruppen an kleine Talibangruppen bis zur strategischen Beratung der Führungsschicht beim Tee in Quetta oder jetzt in Waziristan. Und das alles soll an den USA vorbei geschehen sein? Hier müssen wir auch noch einige „Highlights" erwähnen:

Im Frühherbst 2002 sprach der Autor, einem Verdacht folgend, mit verschiedenen Insidern über mögliche, jedoch nicht erfolgte „Al-Qaeda"-Festnahmen. Dabei berichtete ein damals glaubwürdiger und seriöser Mitarbeiter einer großen deutschen Tageszeitung die folgende Geschichte, die ihm passiert war: Er habe der CIA den Wohnort der Nr. 5 von „Al-Qaeda", des damaligen Sprechers der Organisation, Abu Gaith,[212e] komplett mit Straße, Haus- und Telefonnummer sowie Name und Anschrift des Arbeitgebers mitgeteilt. Als Reaktion darauf sei er aus dem CIA-Büro geworfen worden. Daraufhin schrieb der Autor dem damals noch amtierenden CIA-Chef George Tenet, derartige Vorfälle seien geeignet, die Glaubwürdigkeit der CIA und der US-Politik zu untergraben.

Die Antwort kam mündlich durch einen CIA-Mitarbeiter mittlerer Ranghöhe bei einem Treffen, nicht weit entfernt vom Münchner US-Generalkonsulat – und war überraschend: Man wolle keinen weiteren Kontakt mit dem Autor, da man sich von ihm bedroht fühle. Dann nahm das Gespräch eine höchst überraschende Wendung: Der CIA-Mitarbeiter, der im ganzen Gespräch bereits einen gestressten Eindruck vermittelt hatte, fragte urplötzlich und in allem Ernst, ob er seine Tätigkeit aufgeben solle. Der Autor antwortete, dass die CIA ehrliche Mitarbeiter dringend benötige. Wenn er also dort bleiben könne, ohne sich allzu sehr zu beschädigen, solle er versuchen, weiterzumachen.

WEGE IN EINE NEUE PAKISTAN-POLITIK

Für den komplizierten – jedoch keineswegs unlösbaren – Konflikt in Zentral- und Südostasien, mit den Protagonisten Afghanistan, Indien, Pakistan wird ein dreiteiliger Lösungsvorschlag unternommen, der jede Menge Zündstoff liefert. Viele werden die typischen Biedermeier-Reaktionen zeigen: Das ist falsch/naiv/idealistisch; das wird gar nicht funktionieren; da kann ich mich nicht beteiligen, weil ich auch sonst keinen kenne, der mitmacht; wer ist dieser Hörstel überhaupt – und beruhigt weiterwursteln wie bisher. Okay, das wäre ein Weg, für den sich notfalls sogar Argumente finden lassen, wie zum Beispiel, dass die direkt beteiligten Kontrahenten ebenso wenig Zugeständnisse machen wollen wie die großen Mächte im Hintergrund.

Eine Bereinigung der Kaschmir-Situation wird nur dann gelingen, wenn die Nato auf Indien einen freundlichen Druck ausübt dergestalt, dass mit einem Entgegenkommen auch von unserer Seite aus positive Entscheidungen fallen. Großbritannien muss seine historische Bringschuld anerkennen und dafür auch ein Stück weit die buchstäblichen Kosten übernehmen.

Was nicht mehr tolerabel ist, sind weitere Kriegszüge eines ganzen Bündnisses auf der Grundlage historischer Versäumnisse und Sünden von ein oder zwei Mitgliedern, auch wenn dies die USA und Großbritannien sind. Ein Bündnis lebt schließlich nicht von der Kriegführung, sondern von gewinnbringendem Friedensmanagement; andernfalls ist es bald am Ende. Wir haben es geschafft, mit dem Kosovo auf dem Balkan auf absolut völkerrechtswidrige Weise ein eigenständig nicht lebensfähiges Gebiet aus seinem Staat gewaltsam herauszulösen und als Spielzeugstaat der örtlichen Mafia in die Hand zu drücken.[213] Da sollte es unseren begabten politischen Führungskräften gelingen, eine friedensbegründende, vernünftige Gebietsbereinigung im Konsens mit allen Beteiligten durchzuziehen.

Denn eines ist nicht zu leugnen: Alle wichtigen Probleme der heutigen Welt können wir in dieser gefährdeten Region Afghanistan-Pakistan-Indien wiederfinden: Probleme aufbegehrender Muslime, geostrategische Anliegen, Energierohstoff-Geschäfte,

Wasserrechte, Großmacht-Konfrontationen, alte Gebietsstreitigkeiten, letztere hauptsächlich verursacht durch „britische Grenzziehungen" aus Kolonialzeiten. Aus diesem gewichtigen Grunde lässt sich einfach folgern: Wenn die beteiligten Staatengruppen hier keine übergreifend akzeptablen Lösungen erreichen, brauchen wir uns um den Rest der Welt kaum noch Sorgen zu machen – da wird es ebenfalls schiefgehen. Die Wechselwirkungen sind kaum aufzuhalten. Allein der drohende Nuklearkonflikt zwischen Pakistan und Indien gibt seit Jahren Anlass zu großer und immer noch wachsender Besorgnis.

In seinem neuen Bestseller „Die Welt nach Amerika" (The post-American world) schreibt *Newsweek*-Chefredakteur Fareed Zakaria: „Spannungen in Nahost sind wichtig, doch haben sie in den letzten sieben Jahren alle Ressourcen, Energie und Aufmerksamkeit von jedem anderen Thema der US-Außenpolitik abgezogen."[214] Und er mahnt, dass Amerika die Probleme des achten Jahrhunderts n. Chr. (Schiiten vs. Sunniten) hinter sich lassen und sich den Herausforderungen des 21. zuwenden sollte: China, Indien, Brasilien.

Gerade für Pakistan schreibt Zakaria völlig zu Recht: „Was den Vereinigten Staaten an Orten wie Pakistan fehlt, ist eine breiter angelegte Bemühung, diesem Land bei seiner Modernisierung zu helfen sowie zu verdeutlichen, dass die USA sich mit dem Volk dieses Landes verbünden wollen – und nicht nur mit dem Militär." Und er kritisiert, dass die US-Militärausgaben gegen islamischen Extremismus fast eine Billiarde Dollar verschlungen hätten. Demgegenüber seien diplomatische und zivile Bemühungen großzügig gerechnet bei unter zehn Milliarden geblieben.[215] Und natürlich darf auch bei Zakaria der köstliche Ausspruch von Mark Twain nicht fehlen: „Für jemanden, der einen Hammer hat, sieht jedes Problem wie ein Nagel aus."[216]

Sagen wir es einmal ganz drastisch: Es kann nicht sein, dass andere Länder, unter welchem Vorwand auch immer, gezwungen werden, die absonderlichsten blutigen Abenteuer auf sich zu nehmen, um die selbstmörderisch verschwurbelten Chaos-Strategien einer „Hypermacht"[217] zu bedienen, deren Regierung dazu noch durch organisierte Wahlfälschung unter anderem zu Lasten der schwarzen Minderheit an die Macht kam.

Pakistans wichtigste Schwierigkeiten

Stattdessen müssen parallel die drei Problemfelder in Pakistan angegangen werden, die die Region verunsichern. Aufgrund der im vorangegangenen Kapitel beschriebenen schwierigen ethnischen Verklammerung Afghanistans mit Pakistan durch die Ethnie der Paschtunen, wird klar, dass es für Pakistans Problem keine Lösung gibt ohne eine für die Afghanistans – und umgekehrt. Ein mit den beteiligten afghanischen Kräften vorabgestimmter Lösungsweg wurde bereits vorgestellt. In Pakistan sind die Schwierigkeiten vielfältiger und breiter angelegt. Deshalb muss auch jede Lösung mehrere Politikfelder parallel angehen können. Die wichtigsten drei Ansatzpunkte sind wie beschrieben:

Kaschmir, mit seiner kostspieligen Dauerkonfrontation, die die Rolle des Militärs im innerstaatlichen Gefüge anschwellen lässt wie einen Tumor und zur Bildung von Kampfgruppen führt, die nicht nur die eigenen Stammesgebiete in Unruhe versetzen, sondern auch den nördlichen Nachbarn Afghanistan.

Die FATA,[218] die wegen der Grenzziehung ihre eigenen Schwierigkeiten bestehen muss, jedoch auch als Nebenwirkung der kaschmirischen Probleme zusätzliche Lasten trägt.

Und schließlich die durch die oben genannten Konflikte aus eigener pakistanischer Finanzkraft nicht mehr zu stemmenden Herausforderungen in Industrieaufbau und Landwirtschaftssicherung, die für den letzteren Bereich zu einem großen Teil auf gravierenden Mängeln in der Wasserwirtschaft beruhen, die bereits heute eine Notstandsverwaltung ist, mit schlechten Aussichten für die Zukunft. Parallel sind der Bildungssektor zu berücksichtigen und die viel zu geringe Alphabetisierung.

Kaschmir

Das Kaschmirproblem stellt für die Region die wohl beständigste und schwierigste Hürde auf dem Weg zu Sicherheit und Wohlstand dar. Wenn wir betrachten, dass wir seit fast genau 60 Jahren ständig Blutverluste und Dauerzwist zwischen Indien und Pakistan haben, weil eine Grenzziehung missglückt ist, wenn wir weiterhin akzeptieren, dass dies durchaus noch 60 Jahre so weitergehen kann, wenn nichts geschieht – und die Konstellationen bereits heute sichtbar sind, dass dieses Dauerproblem sich zum Stolperstein zwischen China und Indien auswachsen könnte, dann wird es Zeit, an Lösungen zu denken statt an Vermeidungsstrategien.

China ist zweifellos beteiligt am Aufblühen der maoistischen Bewegung in Indien, obwohl die Quellen dieses Thema vielfach umgehen, indem sie als Helfer die nepalischen Maoisten angeben, die nun wirklich niemals allein und ohne Hilfe von außen die Kraft aufgebracht hätten, ihre Monarchie zu stürzen. Indiens Premier Manmohan Singh nannte den maoistischen Widerstand „die größte Herausforderung für die interne Sicherheit, der unser Land je gegenüberstand".[219] Der Machtkampf um den Subkontinent hat längst begonnen – und China hat hier, wegen seines kampferprobten und langjährigen strategischen Bündnisses mit den Muslimen der Region zurzeit ganz einfach bessere Karten als der aufstrebende indische Nachbar. Die Muslime Indiens sind sich darüber hinaus ihrer von Pakistans Staatengründer Jinnah vorhergesehenen Benachteiligung in Indien bei Ausbildung, Karriere und Wohlstandsverteilung durchaus bewusst.[220]

Vorschläge zu Lösungswegen für Kaschmir gibt es zuhauf, beide beteiligten Nationen sind keineswegs arm an begabten Köpfen mit Phantasie und Erfahrung. Die folgenden Angaben zur Verteilung der Religionszugehörigkeit[221] in der Region mögen neben der Karte die Verhältnisse verdeutlichen:

Religionsgruppen: Indisch verwaltetes Kaschmir				
REGION	Buddhist	Hindu	Muslim	Andere
Kaschmirtal	-	4%	95%	-
Jammu	-	66%	30%	4%
Ladakh	50%	-	46%	3%

Religionsgruppen: Pakistanisch verwaltetes Kaschmir				
REGION	Buddhist	Hindu	Muslim	Andere
Nördliche Gebiete	-	-	99%	-
Azad Jammu und Kaschmir	-	-	99%	-

Vorbedingung des Plans ist, dass die Nato und andere Partner sich einigen, die Kaschmirfrage einer Lösung zuzuführen, weil sie zu den Fragen zählt, die geeignet sind, den Weltfrieden zu stören.

Dem hier vorgelegten Plan liegt ein Zeitrahmen zugrunde, der vorsieht, exakt nach dem UN-Beschluss von 1948 ein Plebiszit abzuhalten, falls die gegebenen Fristen überschritten werden. Für den Lösungspunkt Kaschmir muss als Vorbedingung eine internationale Konferenz einberufen werden, der neben den beiden Beteiligten, Indien und Pakistan mindestens auch China angehören muss sowie eine weitere Macht der Region nach der Wahl Indiens, eventuell die USA. Diese Gruppe muss binnen zwei Jahren alle Einzelheiten der Einigung über die Kaschmirfrage erarbeiten. Grundlage einer Einigung muss sein, dass Indien sich bereit erklärt, seinen Herrschaftsanspruch über das Gebiet des sogenannten Kaschmirtals ohne Jammu aufzugeben, das ganz überwiegend von Muslimen bewohnt ist. Jammu und Ladakh verbleiben bei Indien, Pakistan behält die „nördlichen Gebiete", Gebietsabsprachen zwischen China und Pakistan bleiben bestehen.[222]

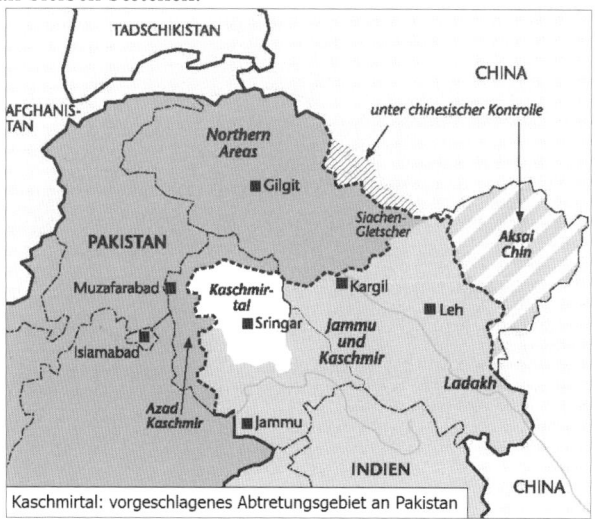

Kaschmirtal: vorgeschlagenes Abtretungsgebiet an Pakistan

Der Herrschaftsübergang wird spätestens sieben Jahre nach Beginn der vorerwähnten Konferenz vollzogen. Das damit neu unter pakistanische Verwaltung gestellte Gebiet bleibt für alle Zeiten entmilitarisierte Zone mit normaler Polizeistärke. Dies gilt beidseitig für Pakistan und Indien auch für das Ergebnis des eventuell abzuhaltenden Plebiszits. Die Konferenz sollte innerhalb eines Jahres einberufen werden.

Es wird angeregt, dass Pakistan und China an Indien Zusicherungen geben, die für Pakistan strafbewehrt aufgesetzt werden können: über die Nichteinmischung durch von außen geförderte Gruppen und andere Aktivitäten in anderen Ländern, insbesondere Indien. Indien könnte bestimmte Wasserrechte erhalten. US-Interessen an Beobachtungseinrichtungen auf bis dato indisch beherrschtem Gebiet dürfen keine Rolle spielen.

FATA (und PATA[223])

Die so genannten Stammesgebiete Pakistans sind unterdurchschnittlich entwickelt. Infrastruktur im weitesten Sinne, Sozialeinrichtungen, Wasserversorgung, Umweltschutz, nichts ist so wie es sein sollte und könnte. Nur ein radikaler Plan, der umgehend gemeinsam mit Befriedungsbemühungen von den Bewohnern selbst und in Eigenregie umgesetzt wird, kann hier noch etwas nachhaltig bewegen.

Was immer hier im Folgenden erläutert wird, muss mit Abstrichen auch für die PATA gelten, um örtlich fatale Ungleichgewichte zu vermeiden. Niemand ist in diesen Fragen für pragmatische Lösungen besser geeignet als die alt-erfahrenen Beamten und örtlichen Führungsperönlichkeiten, die seit Jahrzehnten mit diesem in den meisten Bereichen gut bewährten System leben. Für die Grundlage ist die Aufstellung einer neuen FATA-eigenen Aufbautruppe von etwa 300.000 Mann erforderlich, die die notwendigen Bauarbeiten für die Infrastruktur ausführt.

Grundlage ist der entsprechende Plan des Generalinspektors der Polizei in Peschawar, Malik Naveed Khan.[224] Die bisherigen Sicherheitskräfte mit hohem lokalem Mannschaftsanteil werden um 20.000 Mann aus der FATA-Bevölkerung aufgestockt. Bestehende bewaffnete Gruppen werden aufgelöst, allen Mitgliedern müssen geregelte auskömmliche Beschäftigungsmöglichkeiten angeboten werden. Der Staat erhält das Monopol der übergeordneten Gewalt zurück. Individuelle Bewaffnung bleibt erlaubt, Bandenbildung wird verboten. Mitgliedern und Führungskräften von Kampfgruppen der Islamischen Bewegung müssen politische Mitwirkungsmöglichkeiten eingeräumt werden wie allen anderen Bewohnern auch. Es muss grundsätzlich möglich sein, Gebiete mit besonderen islamischen Rechtsregelungen zu bilden, wenn die Bevölkerung dies mit zwei Dritteln ihrer Mehrheit wünscht.

Sollte dabei jedoch versucht werden, mit Gewalt die Abstimmungsteilnehmer zu beeinflussen, wird mit einem militärischen Großeinsatz und Dauerstationierung sowie Internierung der Schuldigen eine weitere politische Arbeit in dem betreffenden Gebiet ausgeschlossen. Ausländischen Kämpfern (Gemeint ist: „Al-Qaeda"; in Pakistan spricht man sogar sehr zurückhaltend oft nur von „Ausländern") wird ein Bleiberecht so lange gewährt, bis in ihren jeweiligen Heimatländern freie und gleiche politische Betätigung im Rahmen der üblichen Gesetze ohne Nachteil ermöglicht wird. Interessierten und befähigten Kräften müssen entsprechende Ausbildungsmöglichkeiten angeboten werden.

Die FATA erhalten über einen Zeitraum von fünf Jahren hinweg vier Milliarden Euro – und über einen weiteren Zeitraum von 15 Jahren noch einmal vier Milliarden Euro.[225] Diese Mittel sollen unter pakistanischer Regie jedoch nach Vorlage einer Mittelverwendungsstrategie ausgezahlt und die sachgerechte Verwendung nachgewiesen werden. Alle Geldausgaben sind veröffentlichungspflichtig, auch im Rahmen einer speziellen permanenten Website, die alle Details enthalten muss. Die Entwicklungsstrategie bestimmt die Bevölkerung der FATA selbst, bei allen lokalen Projekten entscheiden die betroffenen Bewohner mit über die notwendigen Details. Finanz- und Verfahrenskontrolle führt ein jeweils zu einem Drittel besetztes Mischgremium aus Geberländern, Pakistan und zuständigen Fachgremien der Vereinten Nationen oder der Organisation Islamischer Länder OIC, diese Entscheidung bleibt Pakistan überlassen.

Aufgabengebiete des Unterstützungsprogramms müssen sein: Infrastruktur, Landwirtschaft mit Wasserwirtschaft und Umweltschutz, Bildung sowie alle möglichen Aufgabengebiete des Transfers von Management-Know-how. Einzelheiten können hier nicht vorgelegt werden, wichtig ist grundsätzlich die institutionalisierte Absprache mit den Einheimischen, um die notwendigen Solidarisierungseffekte von vornherein in die Prozessstruktur selbst einzufügen.

Dem Projekt beizustellen ist ein Mediationsplan, der die im Zuge der bewaffneten Auseinandersetzungen aufgestauten Konflikte langfristig professionell regelt. Zugrunde liegt die Vorgehensweise, die auch in Afghanistan vorgeschlagen wurde und auf den Arbeiten des hervorragenden US-Wissenschaftlers John P. Lederach basiert.

Ziel der Anstrengung ist es, in den Beziehungen zwischen Kämpfern und Mitgliedern der Islamischen Bewegung einerseits sowie den gewachsenen Stammesstrukturen andererseits wieder ein konstruktives Miteinander herzustellen. Dieses hat in den vergangenen Jahren stark gelitten, weil die CIA mit Hilfe pakistanischer Geheimdienste versucht, die Stämme auf ihre Seite zu ziehen – und die ebenfalls geheimdienstlich geführten Kampfgruppen mit Ermordung zahlreicher Stammeshäuptlinge, oft durch Kopfabschneiden, gegengehalten haben. Es besteht tatsächlich kein Zweifel, dass ohne eine tiefgreifende Bereinigung der entstandenen Probleme jede Aufbaubemühung zwecklos und Geldvernichtung ist. Das altehrwürdige Stammesgesetz ‚*Paschtunwali*',[226] das eine Pflicht zur Blutrache ‚*badal*' vorsieht, jedoch auch das System des Vergebens ‚*nanawati*' kennt, müsste hier eine fruchtbare Verbindung eingehen mit den neuen Methoden der Mediation – eine Aufgabe, der einheimische Kräfte gewöhnlich bestens gewachsen sind, wenn man sie denn fair bezahlt und ihnen nicht von außen ins Handwerk pfuscht. Sollte diese Bemerkung als Warnung vor entsprechenden Ad-hoc-Planungen in Deutschland und auf EU-Ebene aufgefasst werden, so ist diese Auffassung korrekt.

Und sollte sich die EU zu diesem sehr späten Zeitpunkt noch in halbgare Schnellreparaturen jahrelanger US-Versäumnisse und -Fehler einbinden lassen, wäre dies für unseren internationalen Ruf fatal, für die Sache schädlich und für spätere Hilfsaktionen eine ganz miserable Vorbereitung.

Landesaufbau-Programm

Das Bundesministerium für wirtschaftliche Zusammenarbeit und Entwicklung (BMZ) hält zur grundsätzlichen Einführung folgende Zusammenfassung bereit (Stand Mai 2008):[227]

„Pakistan und Deutschland arbeiten seit 1961 entwicklungspolitisch zusammen. Seit sich die pakistanische Militärregierung nach dem 11. September 2001 an der Seite der USA dem ‚Kampf gegen den Terror' angeschlossen hat, ist die Zusammenarbeit mit der internationalen Gebergemeinschaft wieder enger. In den Jahren zuvor war das Engagement zurückgegangen, auch Deutschland sagte 1999 keine neuen Mittel für Pakistan zu. Gründe dafür waren der Kaschmirkonflikt mit Indien, der fast zu einem Krieg führte, mehrere Atomtests und ein Militärputsch 1999.

Pakistan hat nach Indonesien die zweitgrößte islamische Bevölkerung der Welt. Der Staat steht bei seiner politischen, wirtschaftlichen und sozialen Entwicklung zahlreichen Herausforderungen gegenüber. Das Bildungswesen wurde lange Zeit nicht ausreichend gefördert, die Hälfte der erwachsenen Bevölkerung sind Analphabeten. Es gibt noch keine flächendeckende Gesundheitsversorgung und die Kindersterblichkeit liegt über dem asiatischen Durchschnitt. Das Bevölkerungswachstum hat sich zwar in den letzten Jahren auf zwei Prozent reduziert, ist damit aber immer noch sehr groß. Ein weiteres Problem ist die Versorgung von Flüchtlingen aus Afghanistan. Sie leben zum Teil seit Jahrzehnten in Lagern nahe der Grenze und kehren nur zögernd nach Hause zurück."

Wirtschaftliche Entwicklung

Die Wirtschaft leidet vor allem unter der fehlenden Infrastruktur. Weite Teile des Landes sind nicht ausreichend an das Verkehrsnetz angebunden. Die Landwirtschaft ist der größte Beschäftigungssektor, hier arbeitet knapp die Hälfte der Bevölkerung. Pakistan besitzt die größten künstlich bewässerten landwirtschaftlichen Flächen der Welt. Doch die Anlagen sind alt und die Kapazität der Bewässerungssysteme ist begrenzt. Das schwere Erdbeben, das im Oktober 2005 allein in Pakistan mehr als 70.000 Menschenleben forderte, hat in der betroffenen Region große Teile der Infrastruktur zerstört. Der Wiederaufbau wird noch viel Zeit beanspruchen.

Auf der internationalen Geberkonferenz für den Wiederaufbau des Landes im November 2005 in Islamabad hat Deutschland zugesagt, sich insbesondere am Aufbau von Wohnungen, Krankenhäusern und Schulen zu beteiligen. Kernstück der deutschen Hilfe ist die Instandsetzung von 4.500 Wohnhäusern und der dazugehörigen Infrastruktur. Viele der abgelegenen Bergdörfer sind weiterhin schwer erreichbar und erhalten nur wenig Hilfe.

Dennoch hat Pakistan in den letzten Jahren ein überdurchschnittliches Wirtschaftswachstum erzielt (5-6 Prozent pro Jahr). Das Land profitiert vom Wegfall internationaler Handelsbeschränkungen im Textilbereich. Auch in anderen Industriezweigen steigt die Produktion, besonders in der Elektro-, der Automobil-, der Nahrungsmittel- und der Zementindustrie. Ein weiterer bedeutender Wachstumssektor ist der Dienstleistungsbereich; speziell die Bank-, Versicherungs- und Kommunikationsbranche entwickeln sich gut.

Trotzdem ist Armut in Pakistan weit verbreitet. Nach Angaben der Weltbank mussten 2003 17 Prozent der Bevölkerung mit weniger als umgerechnet einem US-Dollar am Tag auskommen.

Verbesserung der Rahmenbedingungen

Eine notwendige Voraussetzung für die weitere positive Entwicklung Pakistans ist die Verbesserung der Rahmenbedingungen. Durch eine effizientere Verwaltung und die Eindämmung der Korruption sowie eine bessere Einbindung aller Bevölkerungsgruppen in die politischen Entscheidungen könnten die Landwirtschaft, die Industrie und der Energiesektor zu notwendigen Reformen motiviert werden. Dazu muss allerdings auch die Menschenrechtssituation verbessert und eine größere Rechtssicherheit gewährleistet werden.

Schwerpunkte der deutschen Zusammenarbeit mit Pakistan

Die Rolle Pakistans als Partner in einer konfliktreichen Region bleibt weiterhin wichtig. Die letzten Regierungsverhandlungen im November 2005 standen allerdings ganz im Zeichen des Wiederaufbaus nach dem schweren Erdbeben. Es wurden Programme zur Wiedererrichtung der Gesundheitsinfrastruktur in Kaschmir und zum Wiederaufbau von zerstörten Schulbauten und Wohnhäusern in der Nordwestgrenzprovinz (NWFP) vereinbart. Die in den vereinbarten Schwerpunktbereichen laufenden Vorhaben werden daneben planmäßig fortgeführt. Pakistan erhielt Zusagen in Höhe von 44 Millionen Euro für zwei Jahre sowie zusätzlich 27,5 Millionen speziell für den Wiederaufbau. Die Gesamtleistungen Deutschlands für den Wiederaufbau belaufen sich auf knapp 68 Millionen Euro. Teil des Programms ist ein Schuldenerlass in Höhe von 55 Millionen Euro. Die Regierungsverhandlungen im Herbst 2008 ergaben folgende Schwerpunktthemen der Entwicklungszusammenarbeit:

- Grundbildung
- Medizinische Grundversorgung, Familienplanung, Tuberkulosebekämpfung
- Erneuerbare Energien und Energieeffizienz

Darüber hinaus wird der Bereich „Demokratieförderung und Zivilgesellschaft" als temporäres viertes Schwerpunktthema weitergeführt. Die Bundesregierung fördert aus diesem Grunde seit 2009 die Bemühungen Pakistans im Bereich „Gute Regierungsführung". Darin sind Hilfen für Verwaltungsreformen in der NWFP und – in Zusammenarbeit mit der Weltbank und dem IWF – die Einführung einer bundesweiten Mehrwehrwertsteuer enthalten. Die pakistanisch-deutsche Zusammenarbeit konzentriert sich regional auf den Norden Pakistans: auf die Nordwestgrenzprovinz, auf die von der Regierung direkt verwalteten „Northern Areas" und auf den nördlichsten Teil der Provinz Punjab.

Für rund 166 Mio. Euro hilft Deutschland mit Schuldenumwandlungen im Bildungs- und Gesundheitssektor sowie im Katastrophenschutz. Das Programm sieht vor, für Investitionen in entsprechende, vertraglich vereinbarte Entwicklungsprogramme der pakistanischen Regierung Schulden in doppelter Höhe zu erlassen.

Wegen der räumlich weit ausgreifenden Kämpfe gegen die Taliban im Swat-Tal und angrenzenden Distrikten gab es auch Zusatzmittel für Binnenvertriebene über das Flüchtlingshilfswerk der Vereinten Nationen (UNHCR) sowie das Welternährungsprogramm (WFP). Außerdem unterstützt Deutschland Versorgung und Rückführung afghanischer Flüchtlinge, die in Pakistan Zuflucht gefunden hatten.

Deutschland sagte Pakistan für die Jahre 2009 und 2010 weitere 107 Millionen Euro für Not- und Übergangshilfe, Krisenprävention und humanitäre Hilfe zu.

Das sind zweifellos gute Ziele, die eingesetzten Beträge halten sich in engen Grenzen. Wenn jedoch grundsätzliche politische Änderungen angestrebt werden, ist deutlich mehr vonnöten. Wichtig für die weitere Stabilisierung Pakistans ist ein positiver Weg, um eine ebenso rasche wie nachhaltige Entwicklung der Privatwirtschaft, insbesondere des industriellen Sektors, zu fördern. Auch hier sollen jetzt nicht grundsätzlich neue Planungsideen vorgestellt werden, vielmehr geht es darum, auf hochwertige bestehende Arbeiten aus dem einheimischen pakistanischen Kontext so aufzusetzen, dass ein höchstmöglicher Synergie-Effekt eintritt.

Wachstum des industriellen Sektors

Dazu wird Bezug genommen auf eine Studie,[228] die vor allem darauf hinwirkt, dass Managementfähigkeiten in praktisch allen staatlichen Dienststellen und Prozessen neu gebildet und organisiert werden müssen – und die Gesetzgebung vielfach modernen industriellen und privatwirtschaftlichen Bedürfnissen mittelständischer Unternehmen angepasst werden muss. Aus dieser Studie konnten, insbesondere durch ein Gespräch mit dem verantwortlichen Autor,[229] einige Ansatzpunkte für die Mitwirkung des Auslands herausgefiltert werden.

Kataster-Technik

Ausgehend von der Tatsache, dass hohe bürokratische Hürden das Wirtschaftsgeschehen bremsen und verteuern, schlägt die Studie vor, die Registratur von Grundstückseigentum zu professionalisieren und vor allem: zu beschleunigen.[230] Dazu wird hiermit vorgeschlagen, eine kleine Gruppe pakistanischer Experten mit einer Studie zu beauftragen, um das für Pakistan beste, hochmoderne, elektronische Registratur-System festzulegen. Anschließend ist der Vorschlag zu prüfen und dann zu finanzieren.

Energiesektor

Auf dem Energiesektor ist viel zu tun, weil bisher das Netz noch täglich zusammenbricht. Laut BMZ[231] arbeitet Deutschland auf diesem Sektor bereits erfolgreich mit Pakistan zusammen.

Erneuerbare Energien und Energieeffizienz

Im Mittelpunkt der Zusammenarbeit steht die Nutzung der Wasserkraft. Im Norden des Landes sind große, bisher ungenutzte Potenziale vorhanden. Ein großes Wasserkraftwerk wurde mit deutscher Unterstützung gebaut, ein mittleres ist in Planung. Parallel zu diesem Engagement wird mit der Regierung und mit wissenschaftlichen Institutionen und Behörden an der Lösung allgemeiner technischer, wirtschaftlicher und administrativer Probleme gearbeitet. Seit kurzem arbeiten Pakistan und Deutschland auch im Bereich anderer alternativer Energieformen – Biomasse, Wind, Sonne – zusammen. Hier könnte erheblich nachgelegt werden. Kohle, heißt es in der Studie, sei reichlich vorhanden, jedoch nicht genügend eingesetzt. Vom Abbau bis zum Kraftwerksbau und zum Ausbau eines sicheren Leitungsnetzes warten hier wirkungsvolle Aufgaben. Die Nutzung der Wasserkraft könnte ausgebaut werden, also mehr von dem geschehen, was schon unternommen wird. Auch was die Transparenz der Gebührenerhebung und Mittelverwendung angeht, ist nachzulegen.

Güterverkehr

Weiterhin bemängelt die Studie, dass nur 4 Prozent des Warenverkehrs auf der Schiene stattfinden. Hierzu wird vorgeschlagen, durch weitere Investitionen in drei Bereichen auch den Warentransport frühzeitig in der Entwicklungsphase der pakistanischen Industrie möglichst nachhaltig auszubauen, also auf der Schiene.

Der **erste** Bereich sind die Be- und Entladestellen in den Häfen. Hier (Karatschi und Port Qasim) sind die Effizienz- und Geldverluste besonders bei den Liegezeiten, Containerhandling und Personalmanagement hoch.

Der **zweite** Bereich betrifft Ausbau und Betrieb der Eisenbahn, um die Schienenwege mehr für den Güterverkehr zu nutzen. Wichtig wäre, dass der Güterverkehr auf langen Strecken fast ausschließlich per Bahn erfolgt, weil, wie auch aus Deutschland bekannt, der Lobby-gestützte LKW-Verkehr zu jährlichen Milliardenkosten jede Straße zielstrebig kleinkriegt.

Und der **dritte** Bereich ist das Straßennetz, das allgemein in einem schlechten Zustand ist. Es muss streckenmäßig ausgebaut und qualitativ verbessert werden. Elektronische Mautsysteme können die finanzielle Transparenz stärken.

Großstadtmanagement

Für den Entwicklungsstand Pakistans, dessen landwirtschaftlicher Bereich noch immer knapp der Hälfte der Bevölkerung Lohn und Brot gibt, ist das Land erheblich urbanisiert und erreicht hier den höchsten Stand in Südasien. Karatschi, Rawalpindi und Lahore sind große Städte. Woran es fehlt, ist das Management aller Bereiche einer modernen Stadtverwaltung.[232] Professor Nabi nannte hier vor allem Trink- und Brauchwassermanagement, Transport, Beleuchtung und öffentliche Plätze.

Export und Internationale Begegnungen

Außer in der weltweit bekannten Baumwollbranche ist der Exportanteil an der Wirtschaftsleistung gering. Das ist durch verstärkte Beteiligung an internationalen Messen und einem insgesamt verbesserten Austausch unaufwendig zu bessern. Die guten Erfahrungen mit der pakistanischen Präsenz auf der Hannover Messe können als Maßstab dienen. Pakistan kann hier sicher eine Menge selbst tun – aber Einladungen, Visa-Erteilung, bessere Anbindung der Gäste an unsere öffentliche und private Netzwerkstruktur und andere Dinge können auf unserer Seite bewegt werden.

Schwerpunkt Belutschistan

Es gibt ein klares ökonomisches Gefälle zwischen den beiden bevölkerungsreichen östlichen Provinzen Punjab und Sindh auf der wohlhabenden Seite und Belutschistan und NWFP auf der ärmeren. Da NWFP in diesem Programm bereits begünstigt wurde, ist ein stärkeres Eingehen auf diese Provinz notwendig. Racine schreibt in *Le Monde Diplomatique*: „Zurzeit behindert die Belutschistanfrage auch die großen Projekte, die Pakistan wirtschaftlich voranbringen sollen, also den Hafenbau in Gwadar, wo chinesische Ingenieure entführt wurden, und die Pläne für eine Gaspipeline, die von Iran über Pakistan nach Indien führen soll."[233] Zuschüsse zu Infrastruktur, Land- und Wasserwirtschaft sowie Bildungsprogrammen sollten abgerundet werden, mit besserer Anbindung an die nationale und internationale Handelswirtschaft.[234] Das geht über die Empfehlungen der MoIP-Studie hinaus, könnte jedoch helfen, die Wunden zu heilen, die in den vergangenen Jahren auch durch die unkluge Politik Islamabads gegenüber der armen Provinz geschlagen wurden.

Entwicklungsziele der Vereinten Nationen (MDGs)

Die Vereinten Nationen haben zum Wechsel ins dritte Jahrtausend Millenniums-Entwicklungsziele aufgestellt. Ein Fehler dieser Liste ist, dass sie allerhand erfreuliche Dinge aufzählt, jedoch nicht, wer sie finanzieren soll – oder wie:

1. den Anteil der Weltbevölkerung, der unter extremer Armut und Hunger leidet, halbieren
2. allen Kindern eine Grundschulausbildung ermöglichen
3. die Gleichstellung der Geschlechter fördern, die Rechte der Frauen stärken
4. die Kindersterblichkeit verringern
5. die Gesundheit der Mütter verbessern
6. HIV/AIDS, Malaria und andere übertragbare Krankheiten bekämpfen
7. den Schutz der Umwelt verbessern
8. eine weltweite Entwicklungspartnerschaft aufbauen

Die Verwirklichung dieser Ziele beobachten die UN für jedes Land.[235] Im jüngsten Bericht heißt es, dass zu Beginn des Jahrtausends erfreuliche Fortschritte erzielt wurden, das Erdbeben von 2005 jedoch einen Einbruch in dieser Entwicklung darstellt. Seitdem konnte sich die gute Entwicklung der Vorjahre nicht wieder einstellen. Außerdem habe das Wachstum der letzten Jahre nicht die ärmsten Schichten erreicht, die Schere zwischen arm und reich gehe immer weiter auf. Im September 2005 fand in New York eine „Millenniumskonferenz +5" statt, in der sich die Staatenvertreter u. a. darüber klar wurden, dass die Umsetzung der Ziele bis in die kleinsten Verwaltungseinheiten hinunter verfolgt werden müssen, um Fortschritte „grass roots" zu organisieren. Der neueste Bericht[236] dazu aus Pakistan stammt von 2006, aus dem hervorgeht, dass sich das Land in den letzten Jahren nicht mehr entwickelt wie erhofft. Der Schub durch Auslandshilfe und eigene Leistung bleibt aus.

Land- und Wasserwirtschaft, Armutsbekämpfung

In der Landwirtschaft gibt es zahlreiche Probleme, die inzwischen äußerst dringlich geworden sind: Wassermangel durch Dürre und Absinken des Grundwasserspiegels sowie Umweltverschmutzung. Inzwischen nehmen, auch bedingt durch diese Faktoren, zahlreiche Krankheiten zu, außerdem ist die landwirtschaftliche Produktivität gering. Das wird nicht besser dadurch, dass bisherige Landreformen nicht weit genug gehen und nach wie vor die Hälfte der Landbevölkerung, etwa 35 Mio. Menschen, in Armut leben muss. Bei einem Treffen mit einem hochrangigen Ministerialbeamten sagte er mir voller Sorge, das Militärbudget verhindere dringend notwendige Großprojekte zur Landwirtschaftsentwicklung.

Notwendige Reformen

Dies bedeutet, dass sich das Land ohne eine Militärreform nicht rasch genug weiter entwickeln kann. Pakistan kann und muss also auch selbst kräftig anpacken, um nicht in große Schwierigkeiten zu geraten. Die Budgetübersicht[237] zeigt, dass im Fiskaljahr 07/08 1.549 Mrd. Rupis (15,5 Mrd. €) ausgegeben wurden. Davon ging deutlich mehr als ein Drittel in den Schuldendienst, das meiste in Zinszahlungen, wenig in Rückzahlungen. Mit einem derart hohen Schuldenstand kann sich das Land kaum noch entwickeln.

Sicherheit und Kosten – das Militär

Der nächstgrößte Posten ist dann das Militär mit 2,77 Mrd. €, unter 20% des Jahresbudgets. Zum Vergleich: Deutschland gab 2007 unter 10% für das Militär aus.[238]

Wenn die USA, wie bisher, für Pakistans Leistungen im Terrorkrieg eine Milliarde Dollar p. a. zahlen, ist das für Pakistan ein erheblicher Posten. Die Frage ist jedoch, ob das Land auf die Dauer nicht besser fährt, wenn es sich mit seinen Nachbarn besser stellt und strukturell den Militärsektor verkleinert. Die Frage kann hier nicht abschließend betrachtet werden. In Pakistan ist sie selbstverständlich Gegenstand jährlich wiederkehrender Debatten. Es gibt jetzt wieder Kommentatoren,[239] die an ein Zitat des sowjetischen Botschafters in Islamabad, Smirnov, erinnern, der bemerkte, Pakistan werde 100 Jahre seine Mühe mit dem Pulverfass haben, das es sich selbst mit dem politischen Vakuum nach Abzug der Sowjetmacht untergeschoben habe.

Tatsache ist, dass der US-geführte Westen Pakistan in den letzten 30 Jahren in erhebliche Schwierigkeiten gebracht hat. Das sang- und klanglose Ende unserer Aufmerksamkeit für das Land nach dem Abzug der sowjetischen Truppen aus Afghanistan brachte in den 90er Jahren zwischenzeitlich fast die Zahlungsunfähigkeit. Insofern kam der Terrorkrieg für Pakistan mit Schuldenstreichungen und Sofortzahlungen wie gerufen. Die Kehrseite jedoch ist für Pakistan, dass der Westen immer wieder auftaucht, eine Menge Wirbel verursacht, der die gesamte Gesellschaft durchrüttelt – und dann wieder verschwindet, unter Hinterlassung einer Menge auch kostspieliger Probleme. Im Falle der Sowjetbesatzung Afghanistans waren das 3,5 Millionen Flüchtlinge und ihre Kalaschnikow-, Drogen- und Schmuggelkultur. Diesmal werden es die islamischen Milizen sein, deren Arm bereits bis in die Hauptstadt reicht.

An diesem geschichtlichen Wendepunkt gibt es eine Neuerung: Sollte der Westen sich wieder so hurtig und unbedacht verabschieden wie zuletzt, könnte er selbst von den Folgen in Form von Terroranschlägen zu Hause heimgesucht werden. Demjenigen, der zu bedenken gibt, dies sei nicht der geeignete Moment, über Abrüstung nachzudenken, ist entgegenzuhalten, dass der Terrorkrieg mindestens ebenso ein soziales wie militärisches Problem ist. Konflikte deeskalieren kann das Militär nicht allein, auch nicht in Pakistan.

Jedes Jahr ein bis zwei Prozent Budgetabsenkung für das Militär müsste möglich sein, ohne die Sicherheit zu gefährden.

Geheimdienste

Die Geheimdienste sind kein Ruhmesblatt im innenpolitischen Kontext. Wenn Parteien unter Mitwirkung des ISI gegründet werden, wenn Hunderte Menschen verschwinden, wenn jede besonders militante Kampfgruppe in Kaschmir unter dieser Mitwirkung gegründet wurde, dann muss festgestellt werden, dass dieses System aus den Fugen geraten ist. Und jeder potenzielle Geldgeber wird darauf achten, ob Pakistan aus eigener Kraft in der Lage ist, sich nachhaltig zu reformieren. Natürlich gibt es eine Menge Anekdoten[240] über ISI-Personal. Heraus ragt Ex-DG General Javed Nasir, der das gesamte Währungsguthaben in die pakistanische Mehranbank legte, die dann pleiteging. Nachfolger General Javed Ashraf Qazi holte das Geld in einer Kommandoaktion vom Bankpräsidenten Yunus Habib persönlich zurück. Es bleibt festzuhalten, dass innenpolitische Einmischung durch Geheimdienste nicht tragbar ist. Aktivitäten ohne Wissen der Regierung sind verboten. Alle wichtigen Erkenntnisse müssen der Regierung mitgeteilt werden. Geheimdienstmitarbeit in Pakistan ist eine der letzten Möglichkeiten, VIP-Status zu genießen. Das jedoch ist das Gegenteil von geheim. Auch hier hilft eine langfristig geplante Budgetsenkung.

Korruption

Schon Staatsgründer Jinnah beklagte die um sich greifende Korruption, die vor allem in den oberen Klassen weit verbreitet sei. Das Phänomen hat im Bereich der Justiz untragbare Formen angenommen. Transparency International[241] meldet, dass 96 Prozent aller Befragten bei Gerichtsprozessen Korruption erlebt haben, dass die Polizei in ländlichen Bezirken grundsätzlich ohne Schmiergeldzahlungen keine Anzeigen aufnimmt – wobei der Durchschnitt bei 19 Besuchen auf dem Polizeirevier liegt, bevor sich etwas bewegt – und das bei durchschnittlich 9 Meilen Anfahrt zum Revier.

Wer jedoch einen Richter angreift, wird seit 2003 mit einem halben Jahr Gefängnis bedroht und/oder 1.700 US-$ Strafe. TI zitiert den ersten Bericht des Anwaltsrates von 2003, der schließt, dass es die Militärregierung offenbar wenig störe, wenn Richter korrupt seien, weil Regierende dann weniger von ihnen zu befürchten hätten. Frauen und Kinder, die keine Schmiergelder zahlen können, leiden am meisten. 4.000 Frauen sitzen wegen der ‚Hudud'-Verordnung im Gefängnis. Diese Verordnung (im Rahmen der Scharia) aus Zias Zeiten besagt, dass Frauen, die vergewaltigt wurden, sich strafbar machen können, wenn sie vor Gericht gehen. Sie benötigen für ihren Prozess vier Zeugen. Damit ist das Rechtsrisiko für Vergewaltiger in Pakistan besonders gering. Auch die oben erwähnte Wachstumsstudie erwähnt das reformbedürftige Rechtssystem als einen kostenträchtigen Wachstumskiller: Das Hemmnis wirkt besonders auf ausländische Investoren abschreckend.

Fazit

Pakistan hat mutige Richter, Anwälte und Journalisten. Gerade bei den Journalisten könnte auch Deutschland sich „eine Scheibe abschneiden". Es hat tüchtige Manager und brillante Techniker. Die Familie hat einen sehr hohen Stellenwert, Kinder in Pakistan bekommen womöglich mehr Liebe als ihre Altersgenossen in Deutschland. Tatsache ist jedoch auch: Das Land könnte wesentlich besser dastehen, wenn es sich nicht selbst behindern würde. Andererseits wäre auch vieles besser, wenn es nicht behindert würde. Das beste denkbare Ereignis wäre, wenn sowohl im Ausland als auch im Inland gleichzeitig die Zeichen der Zeit begriffen würden: Für Veränderung gibt es keinen besseren Zeitpunkt als – jetzt.

NACHWORT

Ein guter alter Mann der deutschen Politik, ein sehr alter Mann bereits – aber topfit und heller im Kopf als die meisten erheblich Jüngeren, mit denen ich so zu tun habe – schenkt mir in seltenen Fällen ein Stündchen seiner immer knapperen Zeit.

Beim ersten Besuch warb er für Obama – und tatsächlich habe ich mich kurzzeitig bewegen lassen. Aber inzwischen glaube ich nicht mehr an einen echten Wechsel in der amerikanischen Politik ohne einen Sturz der dortigen Oligarchie. Die einzige Frage jedoch, die mich als Deutscher interessiert, ist, ob Deutschland es ohne solchen Sturz schafft. Und ich schätze, der Gang der Geschichte wird so sein, dass wir es nur schaffen, an solchen Ereignissen vorbeizukommen, wenn sich alle Kritiker der Lage, alle Unzufriedenen auf die Hinterbeine stellen, aus dem Sessel kommen und auf die Straßen gehen, solange das noch erlaubt ist.

Beim zweiten Treffen (2009, kurz vor der Wahl) fragte er mich, ob ich die Bundesregierung in den Knast bringen wolle. Meine Antwort: Nach allen vorliegenden Informationen gehört sie dorthin – auch wenn die deutsche Gerichtsbarkeit dazu nicht imstande ist. Deutschland sei kein souveräner Staat, betonte er drei Mal ungefragt und riet mir, in meinem eigenen besten Interesse, meine Rhetorik zu mäßigen. Das Problem: Unsere Politik ist so furchtbar, dass ich mit der Mäßigung schwer nachkomme. Und nicht nur ich finde immer mehr üble Dinge heraus.

Zum politischen Betrug hat schon immer die nötige Propaganda gehört. So steht's in der „Handwerksordnung". Ein besonders freches Stück davon hat soeben die ARD veröffentlicht.[242] Eine Umfrage aus Afghanistan, zusammen mit der britischen BBC und dem US-Sender ABC. Mit der Umfrage beauftragt wurde die US-Firma „D3 Systems", die die anfallenden Arbeiten über eine afghanische Beteiligung abwickeln ließ: Afghan Center for Socio-Economic and Opinion Research (ACSOR) in Kabul.

Und was hat „D3 Systems" in Afghanistan herausgefunden? Zum Beispiel, dass angeblich 35% der Afghanen der Ansicht seien, die jüngste Präsidentenwahl sei ohne Betrug abgelaufen. Nun, es gab ja auch nur einen weltweiten Aufschrei über riesige Betrugsmanöver.

Vor der Wahl war ich in Kabul. Ich glaube es gibt nicht einen einzigen Afghanen, der nicht in seiner direkten Umgebung irgendetwas von Wahlbetrug erfahren hat. Mein Bericht über die entsprechenden Methoden, deren Anwendung und Verbreitungsgebiet, würde locker die Seitenzahl dieses Buches verdoppeln.[243] Komischerweise finde ich dafür aber keine potenten Auftraggeber. Und es war auch so, abgesehen von Kleinigkeiten, dass ganz Afghanistan wegen der Massenbetrügereien aller Kandidaten brodelte wie ein Hexenkessel, dass der wichtigste UN-Vertraute des US-Sondergesandten Richard „the bulldozer" Holbrooke, Peter W. Galbraith, als Nr. 2 der UN-Mission in Kabul (UNAMA) gefeuert wurde, weil er sich in einem ätzenden Brief an UN-Generalsekretr Ban Ki-moon darüber beschwert hatte, dass die UN in Kabul, also sein Chef, der Norweger Kai Eide, massiven Betrug zugunsten von Favorit Karzai mit aller Kraft und Konsequenz unter den Tisch kehre, Aufklärung behindere, Konsequenzen blockiere.[244] Und das sollen alle Afghanen nicht mitbekommen haben? Wochenlang standen in Afghanistan hässliche Details in allen Zeitungen, längst nicht alle, berichteten Radio und Fernsehen – bei weitem nicht über das ganze Ausmaß, geschweige denn mit Ross und Reiter. Aber Afghanen sind in den letzten 35 Jahren ein wenig hellhörig geworden für ungereimte Nachrichten und dazu nicht immer passende persönliche Berichte und Geschichten. Sie erinnern sich wie gestern sogar noch an das britische Empire und seine fabelhaften zivilisatorischen Errungenschaften. Und leider muss man davon ausgehen, dass Afghanistan auch dies gelernt hat: Bis es im Gebälk dieses schillernden Westens derart knirscht wie im Fall Galbraith, müssen wirklich haarsträubende Dinge passieren. Holbrooke-Vertraute können keine Sensibelchen sein. Afghanen können nach weit über 100.000 Toten seit 2001 ungefähr einschätzen, bei welchen Themen sie lieber schweigen wollen. Da nicken die Weißbärte und heben wortlos und geruhsam die Teetasse...

Verschiedene „Trends" dieses Umfragemachwerks („3% Fehlerbereich") geben zu denken: Mehr Afghanen als zuvor sagten, das Land sei auf einem guten Weg, die Amerikaner beliebter und die allgemeine Zukunftshoffnung gewachsen. Ein Blick auf die neue Taliban-Karte von ICOS im Kapitel Exit-Strategie zeigt: Die Nato gewinnt die Umfragen – und Afghanistans Widerstand den Krieg. Einer muss falsch liegen. Ich gebe Ihnen einen Tipp: sicher nicht der Widerstand. Denn der kann, anders als die US-Luftwaffe, ohne ein Mindestmaß an Wohlwollen der Bevölkerung nicht überleben.

Das lässt nachdenken. Nun ist ja gegen Umfragen gar nichts zu sagen, außer vielleicht, wenn sie im Krieg stattfinden – und von einer Firma aus dem Land der mit großem Abstand wichtigsten Besatzungsmacht abgewickelt werden. Lassen Sie mich das einmal auf den Einzelfall in einem afghanischen Dorf mitten in der Kampfzone herunterbrechen: Es ist davon auszugehen, dass afghanische Geheimdienste an die 100.000 Mitarbeiter haben. Überall wird durchsucht, verhaftet, spioniert. Welche Sicherheit soll nun eine arme afghanische Familie haben, wer dieser junge Unbekannte ist, der da an die Tür pocht, mit einer Frageliste in der Hand? Würde man nun einem armen Bäuerlein und Familienvater raten, kritische Fragen über die als Bomber, Folterer, Hausdurchsucher und brutale Gefängniswärter bekannten Amerikaner offen und ehrlich zu beantworten? Oder, fast noch gefährlicher, über die machtlose Marionette Karzai? Paschtunen machen so etwas ja immer wieder gern und sterben dann für ihre freimütigen Anklagen – aber immer wieder eben auch nicht.

Hat die Sample-Forschung das aufgearbeitet? Wie steht das „Kish-Grid" dazu? Kish-Grid heißt, man nimmt einen Familienclan komplett nach Alter und Geschlecht differenziert auf.[245] Aber die cleveren Umfrager haben nicht bedacht, dass bei ortsfremden Gästen, die nicht wie Widerständler aussehen und sich auch nicht so verhalten, zumeist ein regierungsfreundliches Familienmitglied an die Tür geht. Keineswegs wird stets offen gesagt, wer zum Clan gehört und wer zurzeit im Hause ist. Alles andere wäre ja auch ebenso lebensgefährlich wie es dumm oder zumindest naiv ist, stets von korrekten Antworten schon im Vorfeld der eigentlichen Befragung auszugehen. Naiv – oder schlimmer.

Und dann kommt die eigentliche Befragungssituation: Afghanen sind ebenso gesellig wie neugierig und oft auch aufdringlich. Wenn die Befragung vor der Tür stattfindet, hört nach wenigen Minuten das halbe Dorf zu. Der Befragte kann gar nicht unbefangen antworten, das ginge nicht einmal in Deutschland. Wenn die Befragung in einem geschlossenen Raum stattfindet, brodelt die Gerüchteküche bis sie überkocht. Wissenschaftlich gesprochen ist doch eine Umfrage in ihrem Aussagewert erheblich beschränkt, wenn die Befragungssituation nicht oder schwer quantifizierbare Validitätsrisiken enthält.

Ein solches Risiko ist eben, wenn Befragte mit negativen Folgen für Leib und Leben ihrer selbst oder ihrer Verwandten zu rechnen haben könnten. Das heißt ganz klar: Es ist unerheblich, ob die Befürchtungen eintreffen. Es genügt ja schon, dass die Befragten sie haben und ihre Antworten möglicherweise danach ausrichten könnten. Die Risikorate schwankt jedoch erheblich: geografisch, sozial, in Altersklassen. Der ABC-Umfrageexperte Gary Langer (Endnote s. o.) hat sicher auch gute Argumente gegen die Kritiker der jüngsten Umfrage. Aber er versucht z. B. durch einen nicht sachgemäßen Zahlenvergleich mit der Umfrage 2005 die Tatsache zu vertuschen, dass alle Kritiker sich den positiven Aussagetrend seit 2008 nicht erklären können.

Ich verstehe die Lage so: Afghanen wissen, dass in ihrem Chaos durchgegriffen werden muss. Macht das die Nato, kommt immerhin Geld ins Land, Jobs, Chancen. Machen das die Taliban, steht das alte Elend vor der Tür. Das ist das Trügerische an diesen Umfragen: Sie sagen nicht, dass die Nato am Hindukusch auch dann scheitert, wenn Obama noch weitere 140.000 Soldaten ins Land schiebt. Vor allem sagen sie nicht, dass die ganze Region nur auf den Nato-Abzug wartet – und von dieser Versagertruppe nichts mehr erwartet. Das ist natürlich auch wieder falsch: Das blutige Chaos, das die USA für Afghanistan seit 2007 planen und seit Mitte 2009 konkret vorbereiten, wird viele Befürchtungen übertreffen.

Die afghanischen Interviewer würden nicht informiert, schreibt Langer in seiner ausführlichen Verteidigungsrede weiter, wer eine Umfrage in Auftrag gegeben habe. Macht nix, sage ich, die wissen auch so, dass es eher nicht die Taliban waren. Ich glaube ja auch nicht, dass alle Antworten nicht stimmen. Es genügt durchaus, dass wir ebenso unterschiedliche wie inkohärente Fehlerschattierungen einkalkulieren müssen.

Und im Krieg wird auch gelogen, nicht wahr? Lügen sind nur dann intelligent, wenn ein Hauch Wahrscheinlichkeit sie umweht. Diese teure Duftnote wird durch Detailreichtum befördert. Eine andere Methode ist, durch groteskes Lügen in den Reihen der Gegner Zweifel zu säen. Es ist gar nicht immer nötig, Menschen voll zu überzeugen. Vielfach reicht es aus, unangenehme Standpunkte durch ein wenig Verunsicherung aufzuweichen. Zum Beispiel den, dass die jüngste Wahl ein ebenso komplettes wie vorhersehbares Schattenspiel war, eine blanke Propaganda-Veranstaltung für unwissend gehaltene Nato-Wählervölker. 35% sagen, da war nix? Das macht gelegentlich auch scharfe Kritiker nachdenklich, das ist „am Ende des Tages" mehr als ein Drittel, also wird es soooo schlimm vielleicht doch nicht gewesen sein, mögen diese Umfragen auch ein wenig zweifelhaft erscheinen… Ein Körnchen Wahrheit ist immer dran, etwas bleibt immer hängen, die Wahrheit liegt in der Mitte – und was weiß ich schon, wem kann man heute noch trauen. Mehr brauchen Berlin, London und Washington gar nicht, um noch etwas länger im Windschatten selbst gebastelter Attentate, Drohkulissen, interkultureller Phobien und Propagandamärchen weiterzuwursteln.

Und so erklärt sich vielleicht, dass der einzige mit derartigen Umfragen befasste Professor an einer deutschen Uni (Berlin), den ich zu diesen Problemen befragen konnte, darauf sehr schnell höchst ungehalten reagierte und überdies nichts von meinem Vorschlag wissen wollte, Umfragen in Taliban-Gebieten mit Wissen und Zustimmung der Widerständler UND der Besatzungsmächte zu veranstalten.

Sagen wir es schließlich so: Tatsächlich bekommt, wer viel fragt auch viel Antwort, auch in Afghanistan. Aber vor allem Afghanistan bietet eine statistische Besonderheit: Dortige Umfragen erzeugen für jede Antwort mehr Fragen als jemals beantwortet werden können. Benötigen wir wirklich Umfragen bei unseren Opfern, um festzustellen, was wir falsch machen? Man bemerkt die Absicht und ist verstimmt: Die notwendige Aufarbeitung von Kriegsverbrechen wird mit einer Potemkindebatte über Umfragewerte erstickt. Genial, wenn es nicht so ekelhaft fies wäre.

Sollten sich nun einige Afghanen über die US-Firma „D3 Systems" erkundigen – was finden sie dann heraus? „D3 Systems" hat schon an anderen Stellen direkt für die Nato gearbeitet,[246] für die EU, für US-Ministerien, auf dem Balkan, in Irak und Iran. Außerdem für politische Institutionen wie die offizielle Entwicklungshilfeorganisation USAID, für die größten US-Konzerne wie Coca Cola und für die Weltbank. An solche tollen Aufträge kommt man nicht mal eben so. Da braucht es schon ein gutes Umfeld, das richtige Geschäftsklima, vertrauensvolle Beziehungen. Und so wundern wir uns nicht: „D3 Systems" residiert im grünen Örtchen Vienna, US-Bundesstaat Virginia. Und das liegt laut Google Earth 7,9 Meilen oder 13 Minuten Fahrzeit vom beschaulichen Langley entfernt. Dort liegt die Zentrale der CIA.

ENDNOTEN

1a Britischer General gibt Afghanistankrieg verloren, Spiegel online, 5.10.2008, http://www.spiegel.de/politik/ausland/0,1518,582266,00.html

1b Gaith: Inside the Taliban: „The more troops they send, the more targets we have", *The Guardian*, 15.8.2009, S. 1, http://www.guardian.co.uk/world/2009/aug/15/fighting-taliban-in-afghanistan-war

1c Milton Bearden: Afghanistan, Graveyard of Empires, *Foreign Affairs*, Nov./Dez. 2001, http://www.foreignaffairs.com/articles/57411/milton-bearden/afghanistan-graveyard-of-empires

1d Jeff Zeleny: Accepting Peace Prize, Obama Offers 'Hard Truth', *New York Times*, 11.12.2009, S. A20

2 Amy Argetsinger, Roxanne Roberts: Secret Service confirms third crasher at White House state dinner, Washington Post, 5.1.2010, S. A01

3 Interview Barack H. Obama, *New York Times*, 8.3.2010, http://www.nytimes.com/2009/03/08/us/politics/08obama-text.html?pagewanted=all

4 Oliver Janich: Wir glauben euch nicht!, *Focus Money*, Nr. 2, S. 74-78

5 Nico Fried: Westerwelle droht mit Boykott der Afghanistan-Konferenz, *Süddeutsche Zeitung*, 29.12.2009, S. 6

6 Nico Fried: Guttenberg will Datum für Abzug, *Süddeutsche Zeitung*, 28.12.2009, S. 6

7 Peter Blechschmidt: Guttenbergs Kriegsdefinition, *Süddeutsche Zeitung*,

8 Stefan Braun, Peter Blechschmidt: Guttenberg will Abzugsperspektive für Afghanistan, *Süddeutsche Zeitung*, 8.1.2010, S. 7 (Sollte der geneigte Leser vermuten, Guttenberg sei damit von seiner Forderung nach einem Abzugs"termin" (s. o. EN Nr. 6) sanft abgerückt – so ist dies vermutlich nicht ganz aus der Luft gegriffen. – Anm. CRH)

9 Renate Meinhof: Kalter Krieg, *Süddeutsche Zeitung*, 9./10.1.2010, S. 3

10 Jane Mayer: The Predator War, *The New Yorker*, 26.10.2009, http://www.newyorker.com/reporting/2009/10/26/091026fa_fact_mayer

11 Corey Hill: Obama orders more drone attacks since taking office than Bush did in 8 years, *Alameda County Progressive Examiner*, 30.10.2009, http://www.examiner.com/x-27874-Alameda-County-Progressive-Examiner-y2009m10d30-Obama-orders-more-drone-attacks-since-taking-office-than-Bush-did-in-8-years

12 Schmitt, Eric + Marshall, Carolyn: Task Force 6-26: In Secret Unit's ‚Black Room,' a Grim Portrait of U.S. Abuse, *New York Times*, 19.3.2006, S. A1, http://www.nytimes.com/2006/03/19/international/middleeast/19abuse.html, geöffnet 31.10.2009

13 Editorial: „Questions for General McChrystal", *New York Times*, 31.5.2009, S. A20, http://www.nytimes.com/2009/06/01/opinion/01mon2.html?_r=1&ref=opinion, geöffnet 31.10.2009

14 http://president.gov.af/Contents/91/Documents/1124/phone_talks_kunar_eng.html

15 Alissa J. Rubin, Sangar Rahimi: Afghans Say Inquiry Shows Boys Were Killed in Allied Action, *New York Times*, 31.12.2009, S. A6, http://www.nytimes.com/2009/12/31/world/asia/31afghan.html

16 http://www.rawa.org/temp/runews/rawagallery.php?mghash=dc96d38caecd6694eb17fc894bb73212&mggal=8

17 Douglas Valentine: Afghan „dirty war" escalates, *Middle East Online*, 5.1.2010, http://www.middle-east-online.com/english/?id=36505

18 Loudon, Bruce: "Nato backs Pakistan deal with Taliban", *The Australian,* 14.10.2006, http://www.theaustralian.news.com.au/story/0,20867,205785072703,00.html, geöffnet 10.7.2007

19 Ross, Brian: "Pakistan gives Bin Laden free pass", ABC USA, 6. 9. 2006, 6:10 AM; UST, http://blogs.abcnews.com/theblotter/2006/09/pakistan_gives_.html, geöffnet 10.7.2007

20 Karten von *Election Commission of Pakistan, NWFP* und *Minuteman Geo-Technologies*

21 Holbrooke, Richard C. A.: *Meine Mission – Vom Krieg zum Frieden in Bosnien,* München, 1999.

22 Holbrooke, Richard C. A.: a. a. O.

23 Richter, Paul: „Appointment of Richard Holbrooke unnerves South Asia", *Los Angeles Times,* 2.2.2009, http://articles.latimes.com/2009/feb/02/world/fg-holbrooke2, geöffnet 1.11.2009.

24 Aram Roston: How the US funds the Taliban, *The Nation,* 30.11.2009, http://www.thenation.com/doc/20091130/roston

25a Hard, Thomas + Coghlan, Tom: „Britain in secret talks with the Taliban" Telegraph, 26.12.2007, http://www.telegraph.co.uk/news/uknews/1573687/Britain-in-secret-talks-with-the-Taliban.html, geöffnet 1.11.2009

25b APA + Redaktion: Afghanistan weist UNO-Diplomaten aus: Soll mit Taliban-Rebellen verhandelt haben, *News AT,* http://www.news.at/articles/0752/15/192982/afghanistan-uno-diplomaten-soll-taliban-rebellen, geöffnet 1.11.2009

26 „Afghanistan weist hochrangige Diplomaten aus", Süddeutsche Zeitung, 26.12.2007, 12:24, http://www.sueddeutsche.de/politik/706/428461/text/, geöffnet 1.11.2009

27 Starkey, Jerome: Revealed: British plan to build training camp for Taliban fighters in Afghanistan, *The Independent,* 4.2.2008, http://www.independent.co.uk/news/world/asia/revealed-british-plan-to-build-training-camp-for-taliban-fighters-in-afghanistan-777671.html, geöffnet 2.11.2009

28 Chr. Michelsen Institute: Conciliatory Approaches to the Insurgency in Afghanistan: An Overview, *International Peace Research Institute,* Oslo, NORWAY, Januar 2009, S. 7 http://www.cmi.no/pdf/?file=/afghanistan/doc/ACF283.pdf, geöffnet 2.11.2009

29 Informationen pakistanischer Geheimdienst-Insider

30 Editorial: „Britischer False-Flag-Terror in Afghanistan aufgeflogen?" Blog Mein Parteibuch, 25.12.2007; http://www.mein-parteibuch.com/blog/2007/12/25/britischer-false-flag-terror-in-afghanistan-aufgeflogen/, geöffnet 2.11.2009

31 Murray Craig: „Britain is protecting the biggest heroin crop of all time", Daily Mail online, 21.7.2007, http://www.dailymail.co.uk/news/article-469983/Britain-protecting-biggest-heroin-crop-time.html, geöffnet 2.11.2007

32 Aussage eines HumInt-Offiziers (HumINt = Human Intelligence = Agenten-Führungsoffizier) der Nato, der mit dem Fall persönlich befasst war, im ausführlichen, persönlichen Gespräch mit dem Autor, CRH

33 Rashid, Ahmed: *Descent Into Chaos,* New York 2008, S. 361

34 Nato-Fachjargon: IED = Irregular Explosive Device

35 ISI = Inter Services Intelligence

36 Hörstel, Christoph R.: *Brandherd Pakistan,* Berlin 2008, S. 282

37 Coughlin, Con: British Muslims 'providing Taliban with electronic devices for roadside bombs', Telegraph, 20.2.2009, http://www.telegraph.co.uk/news/newstopics/politics/defence/4736032/British-Muslims-providing-Taliban-with-electronic-devices-for-roadside-bombs.html, geöffnet 8.12.2009

38 Vgl. *Süddeutsche Zeitung*, 2.11.2001, S. 4; dort wird unter der Rubrik „Blick in die Presse" die französische Zeitung *L'Humanité* wie folgt zitiert: „Durch die US-Luftangriffe in Afghanistan wurden 80 Prozent der Infrastruktur des Roten Kreuzes zerstört, irrtümlich, wie die US-Regierung sagt. Doch ist der Irrtum nicht Wesenselement der amerikanischen Strategie? Am Anfang sollten die Ausbildungslager der Terrororganisation zerstört und bin Laden gefangen werden, jetzt beobachten wir eine Art ‚Strategie der Angst' mit Bombardierungen, damit sich die Bevölkerung von den Taliban abwendet."

39 Air Force Doctrine Document No. 1 v. September 1997: http://www.globalsecurity.org/military/library/policy/usaf/afdd/afdd1.pdf

40 Warden, John A. III: "Air Theory for the 21st Century" *(Hervorhebungen von mir, CRH)*. Warden zitiert den deutschen Strategieguru General Clausewitz und setzt dagegen: "Contrary to Clausewitz, destruction of the enemy military is not the essence of war; the essence of war is convincing the enemy to accept our position, and fi ghting his military forces is at best a means to an end and at worst a total waste of time and energy." Und weiter: "Our primary interest is [...] to derive an understanding of what we might need to impose an intolerable cost or strategic or operational paralysis on an enemy." http://www.airpower.maxwell.af.mil/airchronicles/battle/chp4.html

41 William M. Arkin: Masterminding an Air War, *Washington Post*, 1998, http://www.washingtonpost.com/wp-srv/inatl/longterm/fogofwar/wargoals.htm

42 Air Force Doctrine Document No. 1 v. 17.11.2003, http://www.dtic.mil/doctrine/jel/service_pubs/afdd1.pdf

43 Schmitt, Eric und Shanker, Tom: Farah etc. U.S. Report Finds Airstrike Errors in Afghan Deaths, *New York Times*, 3.6.2009, S. A1, http://www.nytimes.com/2009/06/03/world/asia/03military.html?_r=1&th&emc=th, geöffnet 8.12.2009

44 Helene Cooper: Afghan Leader Says Civilian Deaths Strain Ties with U.S., *New York Times*, 9.5.2009, S.A7, http://www.nytimes.com/2009/05/09/world/asia/09policy.html?_r=1

45 Sehr inhaltsreiche Beitragssammlung dazu: http://www.zeit-fragen.ch/ausgaben/2008/zeit-fragen-dossier-uranwaffen/
Auch: Parrish, Randall et al.: Depleted uranium contamination by inhalation exposure and its detection after ~20 years: Implications for human health assessment, *Science Total Environment*, Amsterdam, Niederlande, 2007

46 Miraki, Mohammad Daud: Amerikas Massenvernichtungswaffen und der stille Genozid an den Afghanen, *Zeitfragen*, Nr. 40, 05.10.2006, Zürich, CH, http://www.zeit-fragen.ch/ausgaben/2006/nr40-vom-5102006/amerikas-massenvernichtungswaffen-und-der-stille-genozid-an-den-afghanen/

47 Angaben durch die Leitung eines schon seit 17 Jahren am Stadtrand Kabuls aktiven deutschen Hospitals gegenüber dem Autor

48 Erler-Antwort auf kleine Anfrage der Linksfraktion im Bundestag

49 Wintersemester 2006/2007

50 2006-2007, als Coach ausgewählter Führungskräfte der deutschen ISAF-Truppe am Zentrum Innere Führung der Bundeswehr in Koblenz für das Fach „Landeskunde Afghanistan"

51 Hörstel, Christoph R.: *Brandherd Pakistan*, Berlin 2008, S. 190-210

52 *Brandherd*, a. a. O., S. 282

53 = Bundesnachrichtendienst

54 Report to Members of the Foreign Relations Committee of the United States Senate, 30.11.2009: Tora Bora Revisited: How we failed to get bin Laden and why

it matters today, http://foreign.senate.gov/imo/media/doc/Tora_Bora_Report.pdf, geöffnet 8.12.2009
55 Vom Autor so in einer pakistanischen Zeitung im Herbst 2003 gelesen – und in keinem Archiv mehr auffindbar, Suche dauert an.
56 Interview mit Willy Wimmer: *DS-Magazin, Beiheft*, März 2007
57 S. Gesamtwerk von McCoy, Alfred: *The Politics of Heroin*, Chicago 2003
58 Interview mit Präsident Hamid Karzai, Der Spiegel, Nr. 23, 2.6.2008, S. 127
59 Mehr dazu auf der Website des Auswärtigen Amtes: http://www.auswaertiges-amt.de/diplo/de/Aussenpolitik/RegionaleSchwerpunkte/AfghanistanZentralasien/Polizeiaufbau.html
60 Aus einem Geheimbericht für die Botschaft der Niederlande in Kabul, in Vorbereitung des niederländischen Truppeneinsatzes in Afghanistan, Provinz Uruzgan, ab Sommer/Herbst 2006. Das Dokument wurde mir kurzzeitig und unter Aufsicht zur Kenntnisnahme überlassen, Kopie nicht gestattet. (Anm. des Autors, CRH)
61a Dempsey, Judy: "Germany criticized for its training of Afghan police", *International Herald Tribune,* 15.11.2006, http://www.iht.com/bin/print.php?id=3551337
61b Patrick Cockburn: Return to Afghanistan, *London Review of Books*, Vol. 31, Nr. 11, 11.6.2009, SS.13f., http://www.lrb.co.uk/v31/n11/patrick-cockburn/return-to-afghanistan
62 Susanne Kölbl: Ruchlose Söhne, Spiegel online, 28.1.2008, (Taliban-Kommandeure töteten 250 Stammeshäuptlinge), http://www.spiegel.de/spiegel/print/d-55593315.html
63 Caritas fordert Strategiewechsel für Afghanistan, 10.6.2008, http://www.caritas-international.de/hilfsprojekte/asien/afghanistan-aufbauhilfe_im_hazarajat/positionspapier_zur_nothilfe_in_afghanistan/49445.html
64 Scholl-Latour, Peter: *Russland im Zangengriff*, Berlin 2006, S.16
65 Amnesty International: Jahresbericht Afghanistan 2009, http://www.amnesty.de/jahresbericht/2009/afghanistan-0#menschenrechtsversteafghanischerundinternationalertruppen
66 Shanker, Thom und Cushman, John H.: Reviews Raise Doubt on Training of Afghan Forces, New York Times, 6.11.2009, S. A1, http://www.nytimes.com/2009/11/06/world/asia/06training.html?_r=1, geöffnet: 8.12.2009
67 Thomas H. Johnson, M. Chris Mason: Obama's Indecent Interval, Foreign Policy, 10.12.2009, http://www.foreignpolicy.com/articles/2009/12/10/sorry_obama_afghanistans_your_vietnam?page=0,1
68 World Food Program: Afghanistan: Goverment fails to deliver promised winter wheat aid, 9.3.2009, http://www.wfp.org/content/afghanistan-government-fails-deliver-promised-winter-wheat-aid
69 Moign Khawaja: The Unwinnables – Part 1, *Foreign Policy*, 19.8.2009, http://www.foreignpolicyjournal.com/2009/08/19/the-unwinnables-part-1/, Mandira Nayar: Afghanistan Today, *The Hindu*, 31.10.2004, http://www.hindu.com/mag/2004/10/31/stories/2004103100680800.htm
70 Dexter Filkins: Bribes corrode Afghan's trust in government, *New York Times*, S. A1, http://www.nytimes.com/2009/01/02/world/asia/02kabul.html?_r=1&th&emc=th
71 Herold, Marc W., Professor an der New Hampshire University, NH, USA: "Pseudo-Development in Afghanistan", 7.3.2006. Nur im Internet, mit Hunderten von Querverweisen über Korruption, vermutlich die größte derartige Spezialsammlung mit einer unverdaulich großen Informationsmenge und -breite. http://cursor.org/stories/emptyspace2.html

72 Philip Smucker: Mission Creep in Afghanistan, *Asia Times*, 1.2.2008, http://www.atimes.com/atimes/South_Asia/JB01Df01.html
73 Pakistan fury at US cross-border attacks, *The Independent*, 14.9.2008, http://www.independent.co.uk/news/world/asia/afghanistan-pakistan-fury-at-us-cross-border-attacks-929895.html
74 Jane Mayer: The Predator War, *The New Yorker*, 26.10.2009, http://www.newyorker.com/reporting/2009/10/26/091026fa_fact_mayer; Corey Hill: Obama orders more drone attacks since taking office than Bush did in 8 years, *Alameda County Progressive Examiner*, 30.10.2009, http://www.examiner.com/x-27874-Alameda-County-Progressive-Examiner~y2009m10d30-Obama-orders-more-drone-attacks-since-taking-office-than-Bush-did-in-8-years; Simon Tisdall: Bush secret order to send special forces into Pakistan, The Guardian, 12.9.2008, http://www.guardian.co.uk/world/2008/sep/12/usforeignpolicy.usa
75 B.Raman: Terrorism Indicators from Pakistan – International Terrorism, *South Asia Analysis Group*, 18.12.2006, http://www.southasiaanalysis.org/%5Cpapers21%5Cpaper2066.html
76 Farhana Ali: U.S.–Pakistan Cooperation: The War on Terrorism and Beyond, Strategic Insights, Volume VI, Issue 4 (Juni 2007), *Naval Postgraduate School, Monterey, California*, http://www.nps.edu/Academics/centers/ccc/publications/OnlineJournal/2007/Jun/aliJun07.pdf; Declan Walsh: Taliban reaches beyond Swat Valley in Pakistan, *The Guardian*, 25.4.2009, S. 26 http://www.guardian.co.uk/world/2009/apr/25/taliban-mingora-pakistan-swat-islamists
77 Präsident Asif Ali Zardari und Oppositionsführer und Gegenspieler Nawaz Sharif sind beide ehemalige Gefängnisinsassen wegen Korruption. Beide genießen US-Unterstützung in verschiedenen Graden.
78 Alissa J. Rubin, Sangar Rahimi: Afghans Say Inquiry Shows Boys Were Killed in Allied Action, *New York Times*, 31.12.2009, S. A6, http://www.nytimes.com/2009/12/31/world/asia/31afghan.html
79 Jayshree Bajoria: Pakistan's new generation of terrorists, *Council on Foreign Relations*, 26.10.2009, http://www.cfr.org/publication/15422/
80 Nicholas Schmidle: „Next-Gen Taliban", *New York Times*, 6.1.2008, http://www.nytimes.com/2008/01/06/magazine/06PAKISTAN-t.html?_r=1&oref=slogin; Zwei Karten: Bill DiRoggio, Ex-CIA Agent
81 Den Begriff hat der Autor geprägt, faktisch umfangreich belegt und in seiner Funktionsweise ausführlich erläutert.: *Brandherd Pakistan*, SS. 190-208 – und im vorliegenden Buch, Kap. 8
82 Amnesty International: Jahresbericht Afghanistan 2009, http://www.amnesty.de/jahresbericht/2009/afghanistan-0#menschenrechtsversteafghanischerundinternationalertruppen
83 Humair Ishtiaq: „Lessons not learnt", *The Balochistan Times*, 16.12.2007. Sunday Section, S. D
84 Richard F. Grimmet: „US Arms Sales to Pakistan", *CRS Report*, Order Code RS22757, 8.11.2007 http://www.fas.org/asmp/resources/110th/CRS22757.pdf
85 *Brandherd Pakistan*, a. a. O., S. 72; K. Alan Kronstadt: Pakistan-US Relations, *Congress Report*, CRS-18, 24.8.2007, http://fpc.state.gov/documents/organization/91857.pdf; Saubhadra Chatterji: US may blow up the IPI pipeline, *Rediff*, 6.5.2008, http://www.rediff.com/money/2008/may/06pipe.htm; Anwar Iqbal: US using incentives, sanctions to stop IPI project, *Dawn*, 23.6.2008, http://www.dawn.com/2008/06/23/nat5.htm
86 Der Bericht selbst war unauffindbar – aber die Kritik daran nicht: Brian Ross Team: *GOP Candidates Criticize ABC News Report on CIA Iran Plan* 23.5.2007;

http://blogs.abcnews.com/theblotter/2007/05/gop_candidates_.html Mehr von der iranischen Nachrichtenagentur „presstv.ir": MK/GM: Pak to deliver US-bakked terrorists to Iran http://www.presstv.ir/detail.aspx?id=57120&sectionid=3510 20101

87 ebd.
88 Ahmed Rashid: *Descent into Chaos*, New York 2008, S. 353
89 Australiens Top-Experte David Kilcullen, Offizier und Anthropologe, sagte dazu: „There has been an emphasis on fighting the Taliban, which has led us into operations (both air and ground-based) that do a lot of damage but do not make people feel safer." Kilcullen on Afghanistan: "It's still winnable, but only just." (Kilcullen hat selbstverständlich Unrecht, jedoch mit seinen schlechten Ratschlägen sicherlich gutes Geld und Prominenz „verdient": Die Nato kann es keinesfalls mehr schaffen und sollte endlich die Realitäten erkennen und die Soldaten heimholen, bevor es zu spät und alles verloren ist.) Posted by George Packer, 14.11.2008, http://www.newyorker.com/online/blogs/georgepacker/2008/11/kilcullen-on-af.html
90 Col. Ernie Haendschke, USAF: „coalition forces must prevent CD (= civil destruction = Zivilverluste, Anm. CRH) so as not to alienate or lose the support of the noncombatant population." Adding Less-Lethal Arrows to the Quiver for Counterinsurgency Air Operations, *Air & Space Power Journal*, PiRep, 1.6.2008, http://www.airpower.maxwell.af.mil/airchronicles/apj/apj08/sum08/haendschke.html; Ahmed Rashid: *Descent into Chaos*, New York 2008, S. 351: Keine Satelliten-Überwachung der Grenze zu Belutschistan mit Quetta!
91 Arif Rafiq: Zardari in the crosshairs, *Foreign Policy*, 19.11.2009, http://www.foreignpolicy.com/articles/2009/11/13/zardari_in_the_crosshairs
92 *Brandherd Pakistan*, a. a. O., S. 120, S. 270
93 Noah Chomsky: *Failed States: The abuse of power and the assault on democracy*, New York 2003
94 Michel Chossudovsky: *America's "War on Terrorism"*, Québec 2005
95 Klein, Naomi: *The Shock Doctrine*, New York 2008, S.
96 Frank Patalong: Der Schweigepakt, *Spiegel online*, 29.6.2009 http://www.spiegel.de/netzwelt/web/0,1518,633181,00.html
97 Entsprechende vertrauliche Zeugenaussagen liegen dem Autor vor
98 *Focus online:* 23. 6. 2007, 08:36, http://www.focus.de/magazin/kurzfassungen/focus-_aid_64246.html; *Spiegel online:* 17.3.2007, 17:23, http://www.spiegel.de/politik/ausland/ 0,1518,472292,00.html
99 Kim Sengupta: Afghanistan: Slipping out of Control, *The Independent*, 19.2.2009, http://www.independent.co.uk/news/world/asia/afghanistan-slipping-out-of-control-1625968.html
100 Graham Fuller: Obama's Policies Making Situation Worse in Afghanistan, Pakistan, *Huffington Post*, 10.5.2009, http://www.huffingtonpost.com/graham-e-fuller/global-viewpoint-obamas-p_b_201355.html
101 Olaf Ihlau: Startschuss für die Exit-Strategie, *Der Spiegel*, 21.12.2009, http://www.spiegel.de/politik/ausland/0,1518,668382,00.html
102 Nic Robertson: Saudi hosts Afghan peace talks with Taliban reps, *CNN*, 5.10.2008, http://www.cnn.com/2008/WORLD/asiapcf/10/05/afghan.saudi.talks/; Sehr gute Websites dazu: http://www.friedenspolitik.com/kriegfuehrung-mit-urangeschossen-du.php; http://www.zeit-fragen.ch/ausgaben/2008/zeit-fragen-dossier-uranwaffen/; Mein besonderer Dank gilt hier Dr. Andreas Mylaeus und seinen guten Anregungen.
103 Sehr häufig wird auch von „DU-Waffen" gesprochen (von: depleted uranium = abgereichertes Uran). Es hat sich jedoch gezeigt, dass Uranwaffen mit allen mög-

lichen Uransorten verwendet werden, angereichert, belassen, abgereichert. Deshalb erscheint es korrekter, den übergeordneten Begriff ‚Uranwaffen' zu verwenden.

104 Randall Parrish et al.: *Depleted uranium contamination by inhalation exposure and its detection after -20 years: Implications for human health assessment*, Science Total Environment, Amsterdam, Niederlande, 2007

105 Mohammad Daoud Miraki: Amerikas Massenvernichtungswaffen und der stille Genozid an den Afghanen, Zeitfragen Nr. 40, 5.10.2006, Zürich, CH http://www.zeit-fragen.ch/ausgaben/2006/nr40-vom-5102006/amerikas-massenvernichtungs-waffen-und-der-stille-genozid-an-den-afghanen/

106 Abdruck in: Die Zeit, Nr. 2, 10.1.2002: http://www.zeit.de/2001/02/200102_dlfinterview_0108.xml

107 Europäischer Fernsehpreis der Ökomedia 2004

108 Zeitfragen: *Die vorsätzliche radioaktive Verseuchung der Bevölkerung Afghanistans 2001 bis heute*, 11.9.2006, S. 9

109 Zeitfragen, ebd.

110 Albrecht Schott: *Britischer Kriegsveteran Kenny Duncan gewinnt als erster vor dem Kriegsrenten-Tribunal*, Offener Brief, 14.4.2004, http://www.uni-kassel.de/fb5/frieden/themen/DU-Geschosse/schott.html

111 2. Matthew D. Sztajnkrycer und Edward J. Otten, *Chemical and Radiological Toxicity of Depleted Uranium*, Military Medicine, Bd. 169, Nr. 3 (2004), S. 212-216

112 Vor allem die offizielle US-Lufwaffen-Website „Air Force News": http://www.af.mil/news/

113 US Army Environmental Policy Institute: „These solid metal projectiles have the speed, mass and physical properties to perform exceptionally well against armored targets. DU provides a substantial performance advantage, well above other competing materials. This allows DU penetrators to defeat an armored target at a significantly greater distance. Also, DU's density and physical properties make it ideal for use as armor plate. DU has been used in Army systems for many years in both applications. Over the past 20 years, the Department of the Army (DA) has developed, tested and fielded a number of weapon systems containing DU." *Summary report to Congress – Health and Environmental Consequences of Depleted Uranium Use by the U.S. ARMY*, Juni 1994, S. 2, http://www.fas.org/man/dod-101/sys/land/docs/du.html

114 US Army Environmental Policy Institute: „It is highly unlikely that DU is a contributing factor to the unexplained illnesses currently being reported by veterans of Desert Storm." ebd., S. 5

115 US Army Environmetal Policy Institute: „Furthermore, it is unlikely that future remediation of battlefields solely to remove DU will be required." ebd. S. 2

116 Miraki, ebd. s. FN 3

117 Miraki, ebd, s. FN 3

118 Jane's Defence Weekly, updated September 2002 in: Dai Williams: Hazards of Suspected uranium Weapons in the Proposed War on Iraq (Summary), 24.09.2002, http://www.eoslifework.co.uk/u23.htm

119 Dai Williams, ebda., s. oben, Fußnote 14

120 Thomas Wagner: Die Lösung ist: Mit dem Krieg aufhören und verhandeln, *Junge Welt*, 26.04.2008, S. 1 (Beilage), http://www.jungewelt.de/2008/04-26/001.php

121 Jung, das ewige Sicherheitsrisiko, *Süddeutsche Zeitung – Internetausgabe*, 26.11.2009, http://www.sueddeutsche.de/politik/401/495724/text/

122 Daniel Brössler: Verteidigungsministerium belog Öffentlichkeit, *Süddeutsche Zeitung*, 27.11.2009, S. 1 (Aufmacher)

123 Jerome Starkey, For us ze war is over by tea time, ja, *The Sunday Times*, 18.11.2007, http://www.timesonline.co.uk/tol/news/world/europe/article 2890985.ece
124 Attentat in Kunduz, *Spiegel online*, 5.10.2007, http://www.spiegel.de/politik/ausland/0,1518,509737,00.html
125 Rolf Clement: Codename „Harekate Yolo II", *Loyal. Magazin für Sicherheitspolitik*, Nr. 2, 2008, S. 26f.
126 Dieter Warnecke: Harekate Yolo II. Sicherheit für Nordafghanistan, *Europäische Sicherheit*, 05/2008
127 = **Q**uick **R**eaktion **F**orce (QRF)
128 Matthias Gebauer, Shoib Najafizada: Blitz-Comeback der Taliban, *Spiegel online*, 1.8.2009, http://www.spiegel.de/politik/ausland/0,1518,639710,00.html
129 Tödlicher Zwischenfall in Afghanistan, *Hamburger Abendblatt*, 20.7.2009, http://www.abendblatt.de/politik/ausland/article1102668/Deutsche-Soldaten-erschiessen-Zivilisten.html
130 Matthias Gebauer: Operation „Adler", *Spiegel online*, 30.7.2009, http://www.spiegel.de/politik/ausland/0,1518,639332,00.html
131 Richard Norton-Taylor, Julian Borger, Suzanne Goldenberg: Convoy attacks trigger race to open new Afghan supply lines, *The Guardian*, 9.12.2008, S. 1, http://www.guardian.co.uk/world/2008/dec/09/afghanistan-nato-supply-routes
132 amz: Quick Reaction Force: Bundeswehr verdreifacht Zahl der Kampftruppen, 6.12.2008, http://www.spiegel.de/politik/deutschland/0,1518,594815,00.html
133 http://www.bundeswehr.de/portal/a/bwde/kcxml/04_Sj9SPykssy0xPLMn-Mz0vM0Y_QjzKLd443DnQHSYGZASH6kTCxoJRUfW99X4_83FT9AP2C3I-hyR0dFRQCsXOUq/delta/base64xml/L2dJQSEvUUt3QS80SVVFLzZfQ180Qz
U!?yw_contentURL=%2FC1256EF4002AED30%2FW27TAKGA616INFODE
%2Fcontent.jsp
134 http://www.sueddeutsche.de/politik/564/473082/text/
135 http://www.bundeswehr.de/portal/a/bwde/kcxml/04_Sj9SPykssy0xPLMn-Mz0vM0Y_QjzKLd443DnQHSYGZASH6kTCxoJRUfW99X4_83FT9AP2C3I-hyR0dFRQCsXOUq/delta/base64xml/L2dJQSEvUUt3QS80SVVFLzZfQ180Q
zU!?yw_contentURL=%2FC1256EF4002AED30%2FW27UPE6B842INFODE
%2Fcontent.jsp
136 http://www.flickr.com/photos/isafmedia/3960886509/meta/
137 Uli Rauss, Christoph Reuter, Oliver Schröm, Michael Streck: Die Akte Kundus, *Stern*, 17.12.2009, S. 35
138 Der aus mehreren Gründen lesenswerte Beitrag (s. vorhergehende Endnote) enthält einen sehr exakten Ablauf des Geschehens, auch auf der Grundlage eines umfangreichen und höchst wichtigen Feldjäger-Berichts, der Bundesverteidigungsminister zu Guttenberg erst verspätet vorgelegen haben soll.
139 Oberst Klein gibt gezielte Falschinformationen zu, Spiegel online, 16.1.2010, http://www.spiegel.de/politik/ausland/0,1518,672261,00.html
140 Stefan Kornelius: US-Piloten für Angriff von Kundus bestraft, *Süddeutsche Zeitung*, 16./17.1.2010, S. 8
141 Interview Karim Popal: Das ist eine unverschämte Arroganz, *junge welt*, 1.12.2009, http://www.jungewelt.de/2009/12-01/052.php
142 *Stern*, ebd., S. 40
143 Bundeswehr schießt auf einen Zivilisten, *Spiegel online*, 15.1.2010, http://www.spiegel.de/politik/ausland/0,1518,672096,00.html
144 Sheryl Gay Stolberg, Helene Cooper: Obama Adds Troops, but Maps Exit Plan, *New York Times*, 2.12.2009, S. A1, http://www.nytimes.com/2009/12/02/world/asia/02prexy.html?_r=1&th&emc=th

145 Caritas fordert Strategiewechsel für Afghanistan, 10.6.2008, http://www.caritas-international.de/hilfsprojekte/asien/afghanistan-aufbauhilfe_im_hazarajat/positionspapier_zur_nothilfe_in_afghanistan/49445.html
146 Sabrina Tavernise: Afghan Enclave Seen as Model to Rebuild, and Rebuff Taliban, *New York Times*, 13.11.2009, S. A1, http://www.nytimes.com/2009/11/13/world/asia/13jurm.html?_r=2&hp
147 Sabrina Tavernise: Afghan Valley Offers Test for Obama Strategy, *New York Times*, 1.6.2009, S.A1, http://www.nytimes.com/2009/06/01/world/asia/01jalrez.html?pagewanted=1&th&emc=th
148 Interview Karim Popal: Das ist eine unverschämte Arroganz, *junge welt*, 1.12.2009, http://www.jungewelt.de/2009/12-01/052.php
149 Kim Sengupta: Afghanistan: Slipping out of control, *The Independent*, 19.2.2009, http://www.independent.co.uk/news/world/asia/afghanistan-slipping-out-of-control-1625968.html
150 Abrina Tavernise, Carlotta Gall: Afghanistan and Pakistan Rattled by Plan for Drawdown, *New York Times*, 3.12.2009, S.A1, http://www.nytimes.com/2009/12/03/world/asia/03pstan.html?ref=world
151 Umfrage von „Terror Free Tomorrow", *New America Foundation*, Mai 2008 in: http://www.newamerica.net/files/TFT-Pakistan2008.pdf, geöffnet 8.12.2009
152 Zahlreiche Veröffentlichungen tri-medial (TV. Radio, Print), u. a. *Süddeutsche Zeitung*, 5.11.1985, S. 6
153 Thomas H. Johnson, M. Chris Mason: Obama's Indecent Interval, Foreign Policy, 10.12.2009, http://www.foreignpolicy.com/articles/2009/12/10/sorry_obama_afghanistans_your_vietnam?page=0,1
154 Eric Schmitt, Mark Mazzetti: Taliban Haven in Pakistani City Raises Fears, New York Times, S. A6, http://www.nytimes.com/2009/02/10/world/asia/10quetta.html
155 David E. Sanger, Eric Schmitt: U.S. Weighs Taliban Strike Into Pakistan, *New York Times*, 18.3.2009, S. A10, http://query.nytimes.com/gst/fullpage.html?res=9C04E1DC1F39F93BA25750C0A96F9C8B63
156 Hörstel, Christoph R.: Sprengsatz Afghanistan, München, 2007, S. 73-92
157 Stewart, Rory: Afghanistan a war we cannot win, Telegraph, 10.7.2009
158 Thomas H. Johnson, M. Chris Mason, ebda.
159 Kaim, Markus: „ISAF ausbauen – OEF beenden", *SWP-Aktuell 43,* Stiftung Wissenschaft und Politik, Berlin, Juli 2007, http://www.swp-berlin.org/de/produkte/swp_aktuell_detail.php?id=7883&PHPSESSID=035bede3939406c85d3ea7c3a9b3a9d7
160 Uli Rauss, Christoph Reuter, Oliver Schröm, Michael Streck: Die Akte Kundus, *Stern*, Nr. 52, 17.12.2009, s.37
161 Jan Meyer, Julian Reichelt: KSK doch beteiligt?, Bild, 12.1.2010 http://www.bild.de/BILD/politik/2010/01/12/bundeswehr-affaere-um-luftangriff-von-kunduz/bild-deckt-neue-details-auf.html##
162 Matthias Gebauer, Severin Weiland: Parlament verlangt mehr Klarheit über Deutschlands Schattenkrieger, *Spiegel Online*, 20101.2006, http://www.spiegel.de/politik/deutschland/0,1518,443799,00.html
163 Noetzel, Timo und Schreer, Benjamin: „Strategien zur Aufstandsbekämpfung", *SWP-Aktuell 03*, Stiftung Wissenschaft und Politik, Berlin, Januar 2008, http://www.swp-berlin.org/de/common/get_document.php?asset_id=4635
164 AP: „Unpopularity of Karzai government threatens Afghanistan war effort, Holbrooke warns", *International Herald Tribune* (IHT), 28.4.2007, http://www.iht.com/articles/ap/2007/04/28/europe/EU-GEN-Nato-Afghanistan.php
165 Rubin, Barnett R.: „Saving Afghanistan", in: *Foreign Affairs,* Jan./Feb 2007,

http://www.foreignaffairs.org/20070101faessay86105/barnett-r-rubin/saving-afghanistan.html

166 Deutsche Übertragung einer in Kabul nach Taliban-Angaben verfassten Presse-Erklärung vom 24.3.2009

167 Eine solche Neuordnung habe ich im Herbst 2002 im Auftrag des Gouverneurs der Provinz Nangarhar erstmals in Afghanistan in einer viertägigen Findungskonferenz mit der gesamten Provinzregierung durchgeführt. Soforterfolg damals: Zusatzmittel in Höhe von 20 Mio. US-Dollar.

168 Lederach, John Paul: „Building Peace – Sustainable Reconciliation in Divided Societies", Washington 1997, United States Institute of Peace Press, (sämtliche Abb.)

169 Ehemals Harvard-Universität, Cambridge, Mass., jetzt Institutsleiter der University of Notre Dame, Notre Dame, Ind.

170 Bercovitch, Jacob: „Mediation in International Conflict. An overview of theory, a review of practice", 1997, http://www.crinfo.org/articlesummary/10043/

171 Lederach, in: Rupesinghe (1995), SS. 201f.

172 Dugan, Maire: „A Nested Theory of Conflict", *A Leadership Journal: Women in Leadership – Sharing the Vision,* Nr. 1 1996, S. 9-20.

173 Curle, Adam: *Making Peace,* London, 1971

174 Lederach, in: Kumar Rupesinghe (Ed.): *Conflict Transformation*, New York, 1995, S. 203

175 Lederach, in: Josef Freise/Eckehard Fricke (Eds.): *Die Wahrheit einer Absicht ist die Tat: Friedensfachdienste für den Norden und den Süden*, Idstein, 1997, S. 48

176 In der Literatur finden sich diverse Umschriftweisen des persischen Namens قندوز. Im Folgenden wird die im Sprachgebrauch am häufigsten verwendete Form Kunduz benutzt.

177 http://www.afghanistan-seiten.de/afghanistan/pro4.html#kunduz

178 Hans Krech, *Der Afghanistan-Konflikt 2002-2004*, Berlin 2004, S. 35

179 Marco Seliger: *Zwickmühle Kunduz*, in: loyal, Das deutsche Wehrmagazin, Nr. 9, Okt. 2003, S. 18-21

180 http://www.afghanistan-seiten.de/afghanistan/pro4.html#kunduz

181 Colla Schmitz: *Kunduz. Das Gesetz des Handelns,* in: Y. Magazin der Bundeswehr, 09/2006, S. 61

182 http://en.wikipedia.org/wiki/Afghan_Northern_Alliance

183 S. Fußnote 183, Seliger, S. 28

184 ibid.

185 vgl. Fußnote 182, Krech, S. 35/36

186 vgl. Fußnote 183, Seliger, S. 30

187 Stichwort: *alternative livelihood*

188 Präsident Karzai, Hamid: Das ist jenseits meiner Macht, *Der Spiegel*, 2.6.2008, S. 127

189 vgl. S. 16

190 Ira Chernus: „Annotate this: Obama's speech on National Security", *Foreign Policy in Focus*, 28.5.2009, http://www.fpif.org/articles/annotate_this_obamas_speech_on_national_security

191 Editorial: „Facing „al-Qaeda" – With the terrorists growing stronger, their sanctuary in Pakistan must be eliminated", *Washington Post*, 19.7.2007, S. A18 http://www.washingtonpost.com/wp-dyn/content/article/2007/07/18/AR2007071802225_pf.html

192 Jimmy Carter: „US candidates MUST do as Israel says", http://www.youtube.com/watch?v=F583p_KZyGU http://latimesblogs.latimes.com/babylonbeyond/2008/04/israel-sittin-1.html

193 Maureen Dowd: „Surrender Already, Dorothy", *New York Times*, 30.3.2008 http://www.nytimes.com/2008/03/30/opinion/30dowd.html
194 Barack H. Obama: „My Plan for Iraq", *New York Times*, 14.7.2008 http://www.nytimes.com/2008/07/14/opinion/14obama.html
195 Juliet Eilperin: „McCain Revises Plan to Send Three U.S. Brigades to Afghanistan in Favor of NATO Forces", *Washington Post*, 15.7.2008 http://blog.washingtonpost.com/the-trail/2008/07/15/mccain_revises_plan_to_send_th.html
196 Joby Warrick: „U.S. Officials: Pakistani Agents Helped Plan Kabul Bombing", *Washington Post*, 1.8.2008, S. A01 http://www.washingtonpost.com/wp-dyn/content/article/2008/08/01/AR2008080100133.html
197 Carlotta Gall, Abdul Waheed Wafa: „Karzai Escapes Attack in Kabul by Gunmen", *New York Times*, 28.4.2008 http://www.nytimes.com/2008/04/28/world/asia/28afghan.html
198 Abdul Waheed Wafa, Alan Cowell: „Suicide Car Blast Kills 41 in Afghan Capital", *New York Times*, 8.7.2008 http://www.nytimes.com/2008/07/08/world/asia/08afghanistan.html?_r=1&th&emc=th&oref=slogin
199 Ich habe dann Amnesty International informiert, die eine „Urgent Action" ausriefen: http://www.amnesty.org/en/library/asset/ASA33/038/2002/en/dom-ASA-330382002en.html
200 Man beachte die humorvollen Anführungszeichen bei dem Wort „gefangen". AP hatte die Sache selbstverständlich durchschaut: Associated Press: „Taliban Leader 'captured' in Pakistan", *The Guardian*, 2.3.2007 http://www.guardian.co.uk/world/2007/mar/02/afghanistan.pakistan
201 Sami Yousafzai, Ron Moreau: „While Pakistan burns", *Newsweek*, 9.11.2007 http://www.newsweek.com/id/69494
202 http://de.wikipedia.org/wiki/Bank_of_Credit_and_Commerce_International
203 http://en.wikipedia.org/wiki/Enron
204 http://de.wikipedia.org/wiki/FlowTex
205 Mark Mazzetti, U.S. Aborted Raid on Qaeda Chiefs in Pakistan in '05, *New York Times,* 8.7.2007; im Internet: http://www.nytimes.com/2007/07/08/washington/08intel.html?_r=1&th=&adxnnl=1&oref=slogin&emc=th&adxnnlx=1183971900-vqDrz4J09N0caGl2xKnn4w&pagewanted=print
206 Michael Moore: *Fahrenheit 9/11*, München 2007, S. 48
207 Interview Willy Wimmer: „Wird Deutschland noch am Hindukusch verteidigt?", *Der Selbständige*, März 2007, Beihefter
208 phw: „Taliban setzen ranghohen Kommandeur ab", *Spiegel online*, 30.12.2007 http://www.spiegel.de/politik/ausland/0,1518,525886,00.html
209 AlJazeera: „CIA base bomber 'was double agent'", 5.1.2010, http://english.aljazeera.net/news/asia/2010/01/20101542613653890.html
210 R. Jeffrey Smith, Joby Warrick and Ellen Nakashima: CIA bomber struck moments before pat-down search, *Washington Post*, 9.1.2010, http://www.washingtonpost.com/wp-dyn/content/article/2010/01/09/AR2010010900758.html?hpid%3Dtopnews&sub=AR
211 Am 31.12.2009 im hoch interessanten Interview mit Alan Jones, http://www.google.de/search?client=firefox-a&rls=org.mozilla%3Ade%3Aofficial&channel=s&hl=de&source=hp&q=webster+tarpley+youtube+alan+jones+2009&meta=&btnG=Google-Suche
212a Raissa Kasolowsky, Charles Dick: Al-Qaeda claims attack on CIA workers in Afghanistan, *Reuters*, 7.1.2010, http://www.reuters.com/article/idUSTRE60615X20100107
212b Ahmed Rashid: Descent into Chaos, a.a.O., S.359

212c Ebd., S. 369
212d Ebd., S. 361
212e Abu Gaith sitzt im Iran ein, etwa seit 2004/5. So genau weiß man das nicht, weil auch nicht klar ist, ob es sich evtl. um einen „Hausarrest" handelt. Jedenfalls behauptet die CIA, sie wisse, wo AG und andere Verdächtige seien. Der unten beigefügte Link führt zu einer etwas seltsamen Story der Washington Post. Sie ist ein klares Indiz dafür, dass der Iran Teil des Terrormanagement-Systems der USA ist. Dafna Linzer: „Al-Qaeda Suspects Color White House Debate Over Iran", *Washington Post*, 10.2.2007, S. A01, http://www.washingtonpost.com/wp-dyn/content/article/2007/02/09/AR2007020902294_pf.html
213 Christoph Reuter: Mafia-Staat von UN-Gnaden, *Stern*, 21.2.2008 http://www.stern.de/politik/ausland/:Kosovo-Mafia-Staat-UN-Gnaden/611717.html
214 Fareed Zakaria: *The Post-American World*, New York 2008, S. 238
215 Ebd., S. 247
216 Ebd., S. 246
217 Hubert Védrine: „To Paris, US looks like a ‚hyper power'", *International Herald Tribune*, 5.2.1999 http://www.iht.com/articles/1999/02/05/france.t_0.php
218 FATA = Federally Administered Tribal Areas = Stammesgebiet unter Bundesverwaltung (Das sind die traditionell ebenso unruhigen wie eigensinnigen Stammesgebiete an der Grenze zu Afghanistan, von denen die CIA Pakistan destabilisieren lässt.)
219 Carin Zissis: „Terror groups in India", *Council on Foreign Relations*, 5.3.2007 http://www.cfr.org/publication/12773/terror_groups_in_india.html#14
220 Ebda., Zitat von C. Christine Fair
221 *BBC*: Kaschmir-Website mit sieben Lösungsvorschlägen, die alle weniger durchsetzbar oder praktikabel erscheinen als der hier vorgelegte. Seltsame Veröffentlichung der ehemaligen Kolonialmacht. http://news.bbc.co.uk/2/shared/spl/hi/south_asia/03/kashmir_future/html/5.stm
222 Karte wie BBC-Szenario 6 http://news.bbc.co.uk/1/shared/spl/hi/south_asia/03/kashmir_future/html/6.stm
223 PATA: Provincially Administered Tribal Areas = Unter Provinzverwaltung stehende Stammesgebiete, ein Status, der verwaltungstechnisch eine Mittelposition zwischen der FATA und der übrigen Provinz einnimmt und vorwiegend ruhigere Gebiete umfasst.
224 Jane Perlez: „Taliban leader flaunts power inside Pakistan", *New York Times*, 2.6.2008 http://www.nytimes.com/2008/06/02/world/asia/02pstan.html?_r=1&partner=rssnyt&oref=slogin
225 Diese Mittel sind Peanuts im Vergleich zu den Kosten, die auf die Nato zukommen, wenn dieser Plan nicht umgesetzt wird. Aufbauplänen, die nur die FATA im Auge haben und eine Regelung der übrigen Schwierigkeiten und brennenden Dauerkrisen der Region und des Landes nicht vorsehen, ist wegen Funktionsuntüchtigkeit und damit Geldverschwendung seitens der Nato-Regierungen die Unterstützung zu versagen. Pakistan jedoch sollte nehmen, was es bekommen kann, als kleines Trostpflaster für die erlittenen Zumutungen seit Staatsgründung...
226 Jules Stewart: *The savage border*, Thrupp 2007, S. 155 (Alle Begriffe sind in diesem hervorragenden Werk brauchbar vorgestellt. Es ist allerdings zu bemerken, dass der Autor beim Verfassen seines Buches einer offenbar suggestiven Faszination der „Leistungen" britischer Kolonialisten erlegen ist. Für mich ist allerdings wesentlich beeindruckender, mit welchem Heldenmut die einfachen Paschtunen nun schon die dritte dummdreiste Supermacht in hundert Jahren abwehren.)
227 http://www.bmz.de/de/laender/partnerlaender/pakistan/zusammenarbeit.html

228 Ijaz Nabi: *Towards a prosperous Pakistan – strategy for rapid industrial growth*, Studie im Auftrag des pakistanischen Ministeriums für Industrie, Produktion und Sonderinitiativen, MoIP, Januar 2005

229 Prof. Dr. Ijaz Nabi, zum Zeitpunkt des Gesprächs noch Abteilungsleiter Wirtschaftspolitik im Regionalbereich Südasien der Weltbank, Washington, ab September 2008 Dekan der Sozialwissenschaften, Lahore University of Management Sciences (LUMS, Pakistan). Telefonat am 16.6.2008

230 MoIP-Studie, a. a. O., Executive Summary, S. iii

231 BMZ-Website, a. a. O., EN Nr. 235

232 MoIP-Studie, a. a. O., S. viii

233 Jean-Luc Racine: „Pakistan steht vor der Wahl", *Le Monde Diplomatique*, 9.2.2007 http://www.monde-diplomatique.de/pm/2007/02/09.mondeText.artikel,a0039.idx,8

234 MoIP-Studie, a. a. O., S. ix

235 Umsetzung und Verwirklichung der MDG: Stand der UN vom 1.11.2007 http://www.mdgmonitor.org/factsheets_00_print.cfm?c=PAK&cd=586

236 http://www.crprid.org/Publications/GoalWise2006/Goal%201.pdf

237 http://www.finance.gov.pk/admin/images/budget/budgetbrief.pdf

238 http://www.bundesfinanzministerium.de/nn_54338/DE/BMF__Startseite/Service/Downloads/Abt__II/Jahresrechnung_202007,templateId=raw,property=publicationFile.pdf#search=%22haushalt%202007%22

239 Hussain Haroon: „Lest we forget", *The Balochistan Times*, 16.12.2007, Sunday Special, S.D

240 Editorial: „Another blot on the ISI", *Daily Times*

241 Länderreport über das Justizsystem 2006 http://www.transparency.org/publications/gcr/download_gcr#7

242 PDF der Umfrage von ARD, BBC und ABC (USA): http://download.tagesschau.de/afghanistan/afghanistan_trend10.pdf

243 Growing Accounts of Fraud Cloud Afghan Election, *New York Times*, 31.8.2009, S. A1, http://www.nytimes.com/2009/08/31/world/asia/31fraud.html?_r=2

244 Richard A. Oppel Jr., Neil MacFarquhar: After Clash Over Afghan Election U.N. Fires a Diplomat, *New York Times*, 1.10.2009, S.A6, edition.http://www.nytimes.com/2009/10/01/world/asia/01nations.html?_r=1

245 http://blogs.abcnews.com/thenumbers/2010/01/polling-in-afghanistan-an-antidote-to-anecdote.html

246 http://www.d3systems.com/public/clients.asp

Christoph R. Hörstel
BRANDHERD PAKISTAN
Welche Freiheit, welchen Frieden stärken wir im „Anti-Terror-Krieg"?

Kämpfe, Anschläge, Parteienstreit – Taliban, „al-Qaeda" und andere Gruppen werden auch in Pakistan immer stärker. Der „Krieg gegen den Terror" ergreift aus dem Grenzgebiet zu Afghanistan immer weitere Teile des Landes – bis schließlich auch Europa und Deutschland ins Visier der kämpfenden Parteien geraten. Pakistans Wohl und Wehe wird damit für uns weit wichtiger als bisher angenommen.

Christoph R. Hörstel, einer der besten Kenner des Landes, deckt die Hintergründe der „Partnerschaft im Anti-Terror-Krieg" auf und sagt im Detail, was geschehen muss, um dem seit Jahrzehnten von Kriegen an den Grenzen, innerem Streit und Geheimdienstaktionen gebeutelten Land endlich Frieden und stabilen Aufbau zu bringen.

ISBN 3-89706-845-2,
400 S., Hardcover,
€ 24,80
Format: 13,5 x 21
Edition Zeitgeschichte 43

Andrea Ricci
GAZA
Die Kriegsverbrechen Israels

Der israelische Krieg gegen Gaza begann am 27. Dezember 2008 und dauerte bis zum 18. Januar 2009. In dieser Zeit wurden 1.434 Palästinenser getötet, darunter 288 Kinder.

Doch welche Schicksale verbergen sich hinter diesen Zahlen? Was ist tatsächlich in diesen 23 Tagen des Tötens geschehen? Welche Lügen wurden uns über den Krieg gegen die palästinensische Zivilbevölkerung aufgetischt? Wer trägt die Verantwortung für die grausamen Kriegsverbrechen, und weshalb schauen die westlichen Regierungen einfach weg?

Und warum stellt niemand sonst diese Fragen?

Der in Beirut lebende Autor Andrea Ricci beantwortet all diese Fragen in schonungsloser Weise. Wenn Sie dieses Buch gelesen haben, werden Sie Israel mit anderen Augen sehen.

ISBN 978-3-89706-413-3,
104 S., Taschenbuch
7,50 €, Format: 11,5 x 19
COMPACT Nr. 13

„Erschreckende persönliche Zeugenaussagen von israelischen Soldaten, die am Krieg in Gaza teilnahmen, berichten vom Mord an unschuldigen Zivilisten, sinnlosen Zerstörungen, Vertreibungen von Familien aus ihren Häusern, die als militärische Posten benützt wurden, ohne Rücksicht auf Menschenleben und mit einer Tendenz zur Verrohung."

Richard Falk, UN-Sonderberichterstatter für die seit 1967 besetzten Gebiete, am 23. März 2009

Ekkehard Sauermann
OBAMA
Hoffnungen und Enttäuschungen

Im Oktober 2009 wurde dem Präsidenten der USA der Friedensnobelpreis verliehen. In der Begründung heißt es: „Barack Obama erhält den Friedensnobelpreis für seinen außergewöhnlichen Einsatz zur Stärkung der internationalen Diplomatie und der Zusammenarbeit zwischen den Völkern. Das Komitee hat besonderes Gewicht auf seine Vision und seinen Einsatz für eine Welt ohne Atomwaffen gelegt. Obama hat als Präsident ein neues Klima in der internationalen Politik geschaffen."

ISBN 978-3-89706-411-9
112 S., Taschenbuch
7,50 €, Format: 11,5 x 19
COMPACT Nr. 11

Manche sagen: Das ist zu viel der Ehre. Hier wurde der Preis an jemanden verliehen, der noch keinen Frieden gemacht hat. Das Sterben im Irak geht weiter, das Schlachten in Afghanistan wird intensiviert. Ekkehard Sauermann untersucht das Phänomen Obama umfassend. Er sieht den neuen Präsidenten in einem Balanceakt auf Messers Schneide: Hier die aggressivsten Fraktionen des US-Establishments, dort die Friedenssehnsucht seiner Wähler. Bilanziert werden Obamas große Auseinandersetzungen: die Gesundheitsreform, das Folterlager Guantanamo, der drohende Krieg gegen Iran, der Brandherd Afghanistan, die Abschaffung der Atomwaffen, das Verhältnis zu Russland.

Jürgen Elsässer (Hrsg.)
IRAN
Fakten gegen westliche Propaganda

Zielstrebig bereiten die Falken in den USA einen Krieg gegen den Iran vor. Das Drehbuch ist dasselbe wie beim Angriff auf den Irak 2003: Wieder heißt es, ein nahöstlicher Diktator, ein Wiedergänger Adolf Hitlers, greife nach Massenvernichtungswaffen. Wieder heißt es, Israel sei tödlich bedroht, ein zweiter Holocaust werde vorbereitet. Wieder heißt es, alle Verhandlungen scheiterten an der Starrsinnigkeit der Gegenseite, und allein eine Ultima Ratio könne noch Abhilfe schaffen: der Krieg.

ISBN 978-3-89706-414-0
104 S., Taschenbuch
7,50 €, Format: 11,5 x 19
COMPACT Nr. 14

Dieses Buch liefert gut belegte Fakten gegen die westliche Propaganda. Behandelt werden die Hauptpunkte der Kriegsvorbereitung:
* die Lüge vom iranischen Griff nach der Atombombe;
* die Lüge von den iranischen Vernichtungsdrohungen gegen Israel und der Judenfeindschaft des iranischen Präsidenten;
* die Lüge von der Fälschung der Präsidentschaftswahlen im Juni 2009.

BUCHKLUB – Bücher im Abo – Deutschland

1. In der Reihe COMPACT erscheint monatlich ein Buch.

2. Um günstigere Konditionen beim Bezug dieser Bücher zu erhalten, gibt es diese Bücher im Jahres-Abo.

3. Gleichzeitig wird man damit Mitglied im Buchklub und genießt dessen Vorteile.

4. Buchklub-Mitglieder zahlen generell keine Versandkosten, auch bei Bestellungen von anderen Publikationen des Kai Homilius Verlages.

5. Buchklub-Mitglieder können am örtlichen COMPACT-Leserstammtisch teilnehmen. Der Aufbau erfolgt kontinuierlich. Hier gibt es auch die Möglichkeit, mit Autoren und Herausgebern zu diskutieren.

6. Das Zwei-Jahresabo kostet 135 EUR. D. h. der Abonnent bekommt drei Ausgaben pro Jahr kostenlos, bezahlt also nur für 9 Ausgaben pro Jahr.

7. Das Jahresabo kostet 75 EUR. D. h. der Abonnent bekommt zwei Ausgaben pro Jahr kostenlos, bezahlt also nur für 10 Ausgaben pro Jahr.

8. Das Abo läuft immer jeweils bis zum Ende des Abos/des vereinbarten Abonnementszeitraumes und verlängert sich automatisch um den gleichen Zeitraum, wenn nicht mind. 4 Wochen vor Ablauf gekündigt wird. Die Schriftform genügt.

9. Der Bezug der COMPACT-Bücher und die Vorteile der Klub-Mitgliedschaft beginnen mit dem Eingang der Abo-Gebühr auf dem Konto: Kai Homilius Verlag, Kto-Nr. 5747050009, BLZ: 10090000 bei der Berliner Volksbank.

10. Name und Adresse ☐ Jahresabo ☐ Zwei-Jahresabo
Gewünschter Abo-Beginn: Monat/Jahr: _____

Name _____ Vorname _____

Straße, Nr. _____

PLZ, Ort _____

1. Unterschrift _____ Datum _____

11. Widerrufsbelehrung
Mir ist bekannt, dass ich diesen Abo-Vertrag innerhalb von 14 Tagen ohne Angabe von Gründen widerrufen kann. Zur Wahrung der Frist genügt das Datum des Poststempels.

2. Unterschrift _____ Datum _____

Kai Homilius Verlag, Brandenburger Str. 36, 14542 Werder
oder per Fax: 03327 5698617

BUCHKLUB – Bücher im Abo – Europa

1. In der Reihe COMPACT erscheint monatlich ein Buch.

2. Um günstigere Konditionen beim Bezug dieser Bücher zu erhalten, gibt es diese Bücher im Jahres-Abo.

3. Gleichzeitig wird man damit Mitglied im Buchklub und genießt dessen Vorteile.

4. Buchklub-Mitglieder zahlen generell keine Versandkosten, auch bei Bestellungen von anderen Publikationen des Kai Homilius Verlages.

5. Buchklub-Mitglieder können am örtlichen COMPACT-Leserstammtisch teilnehmen. Der Aufbau erfolgt kontinuierlich. Hier gibt es auch die Möglichkeit, mit Autoren und Herausgebern zu diskutieren.

6. Kosten: Der Versand nach Österreich, Schweiz etc. kostet normalerweise rd. 3,50 EUR
Damit folgt für das Abo:
1-Jahres-Abo = 10 Ausgaben + 2 kostenlos = 75 EUR plus Versand also **95 EUR**
2-Jahres-Abo = 2x9 Ausgaben + 2x3 kostenlos = 135 EUR plus Versand also **175 EUR**

7. Das Abo läuft immer jeweils bis zum Ende des Abos/des vereinbarten Abonnementszeitraumes und verlängert sich automatisch um den gleichen Zeitraum, wenn nicht mind. 4 Wochen vor Ablauf gekündigt wird. Die Schriftform genügt.

8. Der Bezug der COMPACT-Bücher und die Vorteile der Klub-Mitgliedschaft beginnen mit dem Eingang der Abo-Gebühr auf dem Konto: Kai Homilius Verlag, Kto-Nr. 5747050009, BLZ: 10090000 bei der Berliner Volksbank. IBAN: DE60 1009 0000 5747 0500 09 BIC: BEVODEBB

9. Name und Adresse ☐ Jahresabo   ☐ Zwei-Jahresabo
Gewünschter Abo-Beginn: Monat/Jahr: _____

Name _____

Vorname _____

Straße, Nr. _____

PLZ, Ort _____

1. Unterschrift _____ Datum _____

10. Widerrufsbelehrung

Mir ist bekannt, dass ich diesen Abo-Vertrag innerhalb von 14 Tagen ohne Angabe von Gründen widerrufen kann. Zur Wahrung der Frist genügt das Datum des Poststempels.

2. Unterschrift _____ Datum _____

✉ *Kai Homilius Verlag, Brandenburger Str. 36, 14542 Werder oder per Fax: +49-(0)33227-5698617*